Liguria&Arte
REALTÀ E MAGIA DEL "NOVECENTO ITALIANO" IN LIGURIA

a cura di Tito Pelizza e Giovanni Paganelli

saggi di Rossana Bossaglia, Matteo Fochessati,
Giovanni Paganelli, Tito Pelizza, Franco Ragazzi

catalogo della mostra
Genova, Palazzo Ducale, Munizioniere e Aule
15 giugno - 16 luglio 1995

sagep

Con il patrocinio

Comune di Genova

Liguria & Arte
Realtà e magia del «Novecento italiano» in Liguria

Ordinamento della mostra: Tito Pelizza e Giovanni Paganelli
Organizzazione tecnica: Galleria Arte Casa, Genova
Ufficio stampa: Palazzo Ducale, tel. 010 - 593168
Fotografie: Fotolaboratorio Buffoni, Genova; Maura Parodi, Genova

Un sentito ringraziamento ai Collezionisti che hanno concesso il prestito delle opere.
Si ringraziano inoltre il Comune di Genova, il Consorzio Palazzo Ducale,
Assi.Ge. Assicuratori Genovesi, Debora Colombo, Maria Flora Giubilei,
Eliana Mattiauda, Elena Moroni, Sergio Paglieri, Franco Pelizza, Lara Petrucci.

© 1995, Sagep Editrice, Genova
ISBN 88-7058-579-4

Dev'essere l'aria buona che vi si respirava, o l'incanto dei suoi paesaggi luminosi di mare e di uliveti, o la sua collocazione geografica di regione «cerniera» tra Nord e Sud: il fatto è che in tutti i tempi della storia delle arti figurative la Liguria è punto di incontro e di diffusione di esperienze diverse, crogiuolo di messaggi e di culture.

Anche nel '900, negli anni del primo dopoguerra, fiorirono i circoli, vi affluirono e vi operarono artisti provenienti da diverse parti d'Italia, lasciarono segni che i pittori liguri fecero propri, con opere che la mostra *Realtà e magia del «Novecento italiano»* documenta.

La mostra rappresenta dunque un'occasione per approfondire la conoscenza di opere di autori già noti, collocate però in un momento storico specifico e in un contesto culturale ben definito.

Avrà successo: i liguri si guardano volentieri attorno e non si lasceranno sfuggire questa opportunità di crescita culturale.

Giovanni Meriana
Assessore alla Cultura
del Comune di Genova

Abbiamo colto con favore l'opportunità di concedere il nostro patrocinio alla mostra *Realtà e magia del «Novecento italiano»*.

Le opere presentate, scelte con amore e competenza, rivelano quanto sia stata vitale e ricca la scena artistica ligure nella prima metà del nostro secolo e, ancora una volta, siamo lieti e orgogliosi di offrire il nostro contributo per far conoscere sempre meglio le vicende culturali della Liguria.

Complimenti agli organizzatori e auguri alla mostra.

Giancarlo Menini
Direttore Generale
Banco di Chiavari e della Riviera Ligure

Il «Novecento italiano» e la Liguria

Rossana Bossaglia

Quando si parla di Novecento italiano occorre innanzitutto fornire alcune precisazioni. Intanto, la definizione riferita al secolo può indurre nell'equivoco - d'apparenza banale, ma non tanto - di pensarla come un'etichetta più o meno corrispondente alle attività artistiche sviluppatesi nell'età contemporanea, e in particolare fra le due guerre. Infatti, dato per scontato che la presa di posizione novecentista si manifesta e afferma nel primo dopoguerra, non è poi così infrequente, né così insensato, raccogliervi intorno tutto quanto si sia prodotto in Italia, durante quel periodo, di ambito figurativo.

Il proposito di questa mostra non è tuttavia quello di assecondare un taglio storico così largo, che diventerebbe di per sé poco caratterizzante. Ma se vi ho fatto cenno è per chiarire subito che altrettanto inadeguato sarebbe l'uso della parola novecentismo ristretto allo specifico movimento che Margherita Sarfatti promosse, adottando una felice definizione pensata da Anselmo Bucci. «Novecento italiano» fu l'etichetta di un gruppo e poi di una corrente; ma divenne ben presto simbolo di una larga tendenza che non è obbligatorio identificare con gli artisti operanti intorno al nucleo milanese e presenti alle sue mostre.

Dirò di più: la tendenza era nell'aria, vari artisti, di formazione e ubicazione diversa, l'avevano già manifestata all'inizio degli anni Venti, indipendentemente l'uno dall'altro; la formulazione teorica di uno specifico orientamento espressivo, anche se come tale assai generica e sommaria, che venne compiuta dalla Sarfatti fu in qualche misura l'approdo di molte ricerche, tutte di tipo antiavanguardista e più o meno riferite a un generico «richiamo all'ordine», che si stavano compiendo già dalla metà degli anni Dieci, come evoluzione di tendenze di varia origine; e costituì un loro assestamento. Subito dopo, lo scrittore Massimo Bontempelli avrebbe fatto suo il termine «Novecento», collegandolo a una poetica di larga applica-

bilità: egli infatti si riferiva alla letteratura, ma aveva con chiarezza individuato l'atmosfera comune in cui le manifestazioni artistiche di qualunque tipo venivano a collocarsi. Quanto all'uso che si sarebbe fatto poi del termine Novecento per indicare un certo tipo di arredo e anche di architettura, esso non rientra nel nostro discorso; ma dimostra la fortuna di una formula che tendeva a identificare lo stile di un'epoca.

Il discorso sui maestri del Novecento italiano che ebbero residenza o comunque operarono in Liguria, raccoglie dunque sia personalità legate in maniera diretta e attiva al gruppo milanese e alle mostre organizzate dalla Sarfatti - in particolare le due grandi collettive del 1926 e 1929 -, sia artisti che parteciparono a quel clima pur non avendo espliciti contatti con il movimento ufficiale, o avendoli in forma indiretta e saltuaria. Tra i primi, la figura più rappresentativa è quella di Alberto Salietti, che fu segretario di «Novecento», curò l'organizzazione di varie mostre, conservò l'archivio del movimento; e che, frequentatore dell'ambiente ligure pur mantenendo la residenza a Milano, finì con il trasferirsi a Chiavari, ivi continuando l'attività pittorica. Invece artisti come Domenico Guerello o Alberto Gagliardi, per fare qualche nome, non furono presenti alle grandi mostre novecentiste e non sono catalogati tra gli aderenti al movimento: ma sul piano dello stile e del gusto, la loro implicazione con il novecentismo, per questo giro d'anni, è patente.

Qui è il punto più significativo del discorso, cioè il nodo della situazione: le affinità tra i novecentisti ufficiali e molti artisti attivi a parità di data sono assai forti, e questa rassegna lo dimostra. Anzi, ci sono artisti liguri appartati nella loro operosità, o comunque svincolati da consorterie, che hanno tratti novecentisti assai intensi. Ciò vuol dire che l'atmosfera, le inclinazioni culturali erano più significative e sostanziose che non le aggregazioni operative; e, insomma, che il clima novecentista era più intenso dei programmi.

Amighetto Amighetti, *Autoritratto,* 1925

Pietro Dodero, *Sulla terrazza,* 1923

Non solo: alle mostre di «Novecento», per ragioni di opportunità, per motivi occasionali o preordinate scelte di prestigio, comparirono anche artisti dai connotati diversi e di tendenze eterogenee, che con la poetica purista del gruppo poco avevano a che fare. Mentre una raccolta di artisti come quella che si compie qui indica con estrema chiarezza il senso e il tono di un'idea dell'arte che ebbe, tra le due guerre, una precisa caratterizzazione, e un'uniformità di tono con i novecentisti più tipici.

La presente rassegna insiste, con poche eccezioni, sull'attività dei singoli pittori durante gli anni Venti; che è appunto il periodo storicamente circoscrivibile del «Novecento italiano», dalla mostra del 1923 alla Galleria Pesaro alla seconda mostra a carattere nazionale, tenutasi alla Permanente, sempre a Milano nel 1929. Si potrà ancora parlare di un movimento novecentista fino a che si terranno le mostre all'estero organizzate dalla Sarfatti, dunque fino al 1933, non oltre. Anche se lo stile per vari aspetti omogeneo espresso dagli artisti del gruppo avrà un suo séguito, senza soluzione di continuità, almeno fino al 1940.

E anche qui va fatta una precisazione: il Novecento, sia pure inteso in senso lato, dunque non soltanto come associazione con orientamenti definiti e concordati, per tutto il periodo in cui è identificabile mantiene alcuni punti fermi di tipo iconografico e stilistico: figurazione mimetica del reale, ma non dscrittiva né bozzettistica, anzi sempre pervasa da una solennità che porta le immagini fuori del contingente diretto; dunque semplicità di stesura, con riferimenti, a seconda dei casi, a modelli della tradizione classica o rinascimentale (da qui, l'intonazione purista). Ma negli anni Trenta, da un lato esso assume connotati più rappresentativi e celebrativi - il caso Sironi - dall'altro, recependo nuove spinte del gusto, e nuovi impulsi culturali, tende a disfare la pennellata, o a tratteggiarla in modo più vibrante.

Nel corso degli anni Venti la sua fisionomia è invece quella del «realismo magico»: quando i soggetti sono per lo più borghesi e riguardano la vita entro le pareti domestiche, ma l'atmosfera ferma e fredda li blocca in una condizione misteriosamente, e inquietantemente, fuori del tempo. Se si tratta di soggetti contadini, o comunque relativi a condizioni umili di vita, la silenziosa fissità delle scene assume valori simbolici. Questa maniera ha in Italia una sua forte tipicità, ma corrisponde a forme affini adottate in altri paesi, specie nell'area tedesca: e non per caso; giacché un sostanzioso scambio di suggestioni si verifica durante questi anni in tutta Europa, e l'arte italiana vi copre un ruolo non certo di second'ordine.

Ecco che allora - per tornare ai maestri liguri - gli eventi del quotidiano si sublimano nei quadri di Santagata come di Montanella; ecco che la falsariga modiglianesca di Bassano si riassetta in una stesura più pacata, vicina ai modelli di Casorati. Ecco che Rambaldi si mostra legato alla ambigua lucidità di stesura propria di Ubaldo Oppi, il quale dei Sette del Novecento milanese è quello più connesso con il Realismo magico; e l'*Autoritratto* di Arrighetti non sfigurerebbe accanto a un esemplare della Nuova Oggettività tedesca. Sto citando di proposito, tra gli artisti presenti in questa mostra, alcuni poco noti e poco studiati: per sottolineare come non sfigurino vicino alle personalità forti di Perissinotti, Saccorotti, Rodocanachi; e per indicare la diffusione dello spirito novecentista e la finezza dei suoi interpreti.

D'altra parte, la mostra testimonia assai bene per campioni il passaggio dal clima «freddo» degli anni Venti, il «realismo magico», appunto, allo spirito diverso che caratterizzerà gli anni Trenta: il *Nudo* di Patrone ha una semplicità classicheggiante che già tende a toni solenni, e nel medesimo tempo una pennellata più vibrante e corposa rispetto alle stesure terse in uso fino a pochi anni prima. Il *Ritratto di signora*, opera di Collina, pur nell'asciuttezza del discorso, sottolinea con diligenza l'abito alla moda, di per sé elemento di storicizzazione, cioè dentro il tempo: e siamo ormai, estremo limite cronologico della rassegna, al 1935. Dodici anni prima Pietro Dodero, nel noto e bellissimo dipinto *Sulla terrazza*, pur nel puntiglio della rappresentazione fisionomica, manteneva il gruppo di famiglia in un'atmosfera immobile, dove nulla appare transitorio o caduco.

Il Novecento intendeva contrapporre alla spinta del nuovo e del diverso, al premere di eventi effimeri in una dinamica incalzante, l'immagine dei valori fuori

Raffaele Collina, *Ritratto di giovane signora*, 1935

del tempo. Credeva che questo fosse il compito dell'arte. Come ben sappiamo, sulla funzione dell'arte e soprattutto sui modi con cui essa debba esprimersi, si può, e si deve, continuare a discutere. Resta che una concezione culturalmente nutrita quale era quella elaborata dai novecentisti predisponeva un terreno fertile di meditata consapevolezza: su cui fiorirono capolavori, ma anche un medio tono di nobile qualità.

Realtà e magia del «Novecento italiano» in Liguria

Giovanni Paganelli e Tito Pelizza

Le premesse ed il clima generale

A cavallo tra la fine dell'Ottocento e l'inizio del Novecento, in Liguria, il divisionismo sicuramente rappresentò l'elemento innovativo più rivoluzionario, il cui forte impatto fu tale da influenzare l'opera di molti artisti, o comunque da ispirare alcuni tentativi, destinati a rimanere isolati, all'interno della loro produzione.

La tecnica «divisa» giunse ad innestarsi su di un filone di matrice post-impressionista, alimentato da suggestioni di carattere neo-simbolista, queste ultime particolarmente radicate nell'ambito ligustico.

Nei primi vent'anni del secolo, si assiste all'avanguardia del futurismo e del cubismo che offrono gli strumenti principali per essere «contemporanei». La fine della loro corsa sfrenata coincide con gli eventi bellici del conflitto mondiale. Sul versante delle arti figurative, dopo i disastri della guerra, dopo tanti sconvolgimenti tecnici, si afferma una diffusa volontà di ricostruzione della forma, che dà origine ad una svolta in ambito pittorico. Gli obiettivi non sono più nella resa dell'apparenza fuggevole delle cose, né della trascendenza dalla realtà: è ora diffusamente avvertita la necessità di uno schema compositivo più solido che possa condurre al recupero dell'essenzialità del reale.

Vi è una ricerca di stabilità e di sicurezza, che nel nostro paese assume i connotati di un recupero delle origini e di un richiamo alla storia, unici valori certi, eterni ed universali, che si possano opporre al senso di spiazzamento dovuto alla perdita di equilibrio seguita alle estreme avanguardie artistiche.

È così che si impongono nuovi punti di riferimento, rintracciati nell'ambito della tradizione nazionale, dai primitivi ai pittori del primo Quattrocento. Si attua un aggiornamento che investe sia i temi sia il mezzo espressivo, il quale è soggetto ad una semplificazione nella stesura degli impasti cromatici, le cui stesse gamme vengono impoverite nella ricerca di maggiore sintesi. Il recupero della pienezza formale antica si esprime infatti attraverso voci e modi anche radicalmente diversi tra loro e, più precisamente, con poetiche e tecniche, che, messe a confronto, fanno addirittura dubitare dell'unitarietà del movimento. A differenza, infatti, di altre correnti artistiche, i caratteri tipici del «Novecento italiano» non possono essere delineati entro confini rigidi, ma chiedono di essere considerati attraverso un'ottica più elastica. Vengono realizzate opere che dimostrano tutte le possibilità aperte dal rinnovato rapporto tra la tradizione e l'esigenza artistica contemporanea: l'approfondimento dell'espressività dell'oggetto, la monumentalità della figura, la solennità del gruppo e della famiglia, il tema del paesaggio urbano, la sacralità del quotidiano, l'interesse per il mondo dei proletari.

Maturano così linguaggi pittorici che, pur sfociando in esiti visivi diversi, si ricongiungono nel medesimo punto per la comunanza di intenti: l'effetto di pulizia dell'immagine, la precisione del segno nel suo isolamento emblematico e nella sua carica significante, il rifiuto di ogni virtuosismo figurativo o di retorica e, non ultimo, il richiamo alle forme del passato, il punto d'incontro di tutte le voci che si rivolgono, da un punto di vista culturale, a quell'ideale di pittura.

Nel fervido periodo del dopoguerra si assiste alla formazione di temporanei coaguli intorno a gallerie d'arte e a numerose riviste, alcune delle quali di nuova fondazione (come nel caso di «Valori plastici», «La Ronda», «Il Primato», «Il Convegno») e altre, già esistenti come «Emporium» e «L'Eroica» sensibili a cogliere le più recenti suggestioni. Nascono gruppi che riuniscono gli artisti entro cenacoli e luoghi di ritrovo, ove è possibile discutere non tanto su precisi programmi unitari, ma piuttosto sulle linee di tendenza di un nuovo modo di concepire le arti figurative.

Tutte queste iniziative rivelano la ricerca, da parte degli artisti, di spazi e canali attraverso i quali far conoscere la propria opera. Costituiscono inoltre il segno indicativo di un rinnovato rigore estetico ed etico.

Nella nostra regione sono presenti numerosi artisti ed esponenti della cultura che hanno spesso eletto la Riviera non solo a residenza estiva: vi si sono infatti stabiliti anche per lunghi periodi di tempo, offrendo a loro volta, ad amici pittori, critici e letterati, un'ospitalità che si trasforma in feconda circolazione di uomini e di idee.

Nel 1921 sono contemporaneamente in Liguria Carlo Carrà (il quale a Moneglia dipinge *Pino sul mare*, una delle opere che verrà assunta a simbolo stesso della sua pittura) e Alberto Salietti, che da Milano giunge a soggiornare a Chiavari con una presenza dapprima soltanto stagionale, poi sempre più assidua. La caratteristica cittadina chiavarese, al di fuori del circuito turistico internazionale di cui fanno già parte Santa Margherita, ove nasce Camillo Sbarbaro, e Rapallo, in cui dal 1924 risiede Ezra Pound animando un cenacolo internazionale di scrittori musicisti e artisti, si conferma tradizionalmente sensibile a cogliere i fermenti e le novità culturali e artistiche.

Presso Salietti soggiornano gli amici milanesi del gruppo del Novecento: Anselmo Bucci, Achille Funi, Leonardo Dudreville, Piero Marussig, Mario Sironi. Non mancano i contatti con Arturo Tosi che si è stabilito nella vicina Zoagli. Questi artisti attraverso le opere eseguite in loco, forniscono un ulteriore impulso alla cultura locale, accelerando inoltre la diffusione delle poetiche e del gusto nuovi: risale al 1925 la commissione pubblica, ad Ubaldo Oppi, di una pala nella chiesa parrocchiale di San Giovanni Battista a Chiavari: è una conferma della volontà di aggiornamento culturale della città.

È così che, parallelamente alla nascita del Novecento di Margherita Sarfatti, si costituisce nella stessa Chiavari il «Gruppo d'Azione Arte», che raccoglie alcuni artisti attorno alla figura del critico Attilio Podestà, uno dei protagonisti dell'aggiornamento artistico a livello nazionale; dirigerà infatti la rivista «Emporium» e curerà nel corso degli anni Trenta la rubrica settimanale la «Specola delle Arti», sulla terza pagina de «Il Secolo XIX». Altro elemento di punta del gruppo è il pittore Emanuele Rambaldi.

A Genova, nel corso degli anni Venti è inoltre presente Felice Casorati che esegue una serie di quattro ritratti raffiguranti i membri della famiglia Tarello, entrata in contatto con lui tramite Piero Gobetti, autore di una monografia del pittore.

I fitti rapporti intessuti tra pittori e intellettuali caratterizzano il clima di grande vivacità culturale della città durante il secondo decennio del Novecento, e favoriscono lo sviluppo di diffusi fermenti innovativi. Lucia Morpurgo, futura moglie di Paolo Stamaty Rodocanachi e amica di Eugenio Montale, è solita frequentare i letterati e gli artisti degli studi di via Montaldo, con i quali intreccia nel corso degli anni una serrata corrispondenza. La casa dei coniugi Rodocanachi diviene poi, a partire dal 1930, luogo d'incontro e centro di una vita culturale intensissima.

Un altro punto di riferimento è costituito dal cenacolo lavagnese sorto attorno alla eclettica figura di Guglielmo Bianchi, pittore mecenate e protettore di giovani artisti (tra i quali Francesco Messina) e direttore, dal 1931 al 1934, della rivista genovese «Circoli». La quasi totalità degli artisti orbitanti attorno al Novecento trova uno sbocco naturale nei circuiti espositivi delle gallerie d'arte milanesi, nelle manifestazioni nazionali istituzionalizzate quali la Biennale veneziana. Parte della critica giornalistica genovese, ad esempio quella di Arrigo Angiolini, che, dalla rubrica d'arte de «Il Lavoro» contribuisce per circa trent'anni ad orientare il gusto del pubblico in campo figurativo, è contraria alla nuova forma di espressione pittorica, tanto da giustificare da parte di Adriano Grande una «Difesa del Novecento», conferenza tenuta nel maggio del 1929 al Circolo della Stampa.

In questo vivace clima molti artisti liguri di varia estrazione culturale e difforme temperamento si avvicinano, con impegno profondo e perseverante, alla poetica del '900, alcuni con una produzione quantitativamente più vasta, altri con un'attività minore ma comunque significativa.

L'assenza dei nostri artisti nelle mostre e nei gruppi storici di questo movimento, non significa dunque che essi non siano partecipi di tali valori; per questo è utile considerare la produzione dei tanti artisti liguri in cui si avverte scopertamente quell'interesse per la tradizione che è propedeutica al discorso moderno. Certamente oggi è possibile operare una più profonda analisi e affermare che anche i pittori liguri (così come abbiamo visto per quelli di portata nazionale) pur presentando elementi che li inseriscono ampiamente nel '900, sono diversi tra loro. Innanzi tutto sono differenti le fonti da cui gli artisti attingono: si è già sottolineata l'immensa portata che la nostra tradizione visiva offre e conseguentemente la vasta gamma di scelte possibili. Un esame ravvicinato conferma, in alcuni artisti, la preferenza per le architetture essenziali del '400, in particolare quelle di Piero della Francesca; per altri la matrice è nell'arte primitiva, o nei classici del Rinascimento, o nei secentisti.

L'appello al glorioso passato permette quindi di operare in varie direzioni: ed ecco che nei pittori la stessa matrice costruttiva, l'applicazione di un ordine architettonico, un tessuto di masse e di valori ugualmente distribuiti, danno vita a risultati completamente differenti fra loro. Così come un paesaggio di Sironi del 1925, se confrontato con uno di Carrà del medesimo anno, appare completamente diverso.

Si potrebbe continuare all'infinito a opporre artisti liguri del Novecento italiano tra loro e sottolinearne le differenze; ma, considerate le tesi, e le antitesi, occorre giungere anche alla sintesi finale: a trovare quel qualcosa che accomuna le opere di questo periodo. E quel qualcosa è nella pittura, intesa come mezzo idoneo a riprodurre l'apparenza fisica della realtà naturale, per cogliere e fissare in essa quella componente quintessenziale, onirica, inconscia, alla quale si arriva attraverso una paziente rielaborazione mentale affidata alla memoria dell'antico.

È da questo lavoro intellettuale che scaturisce «l'aria del tempo», quell'impronta che rende subito riconoscibili, e databili, dipinti peraltro ricchi di autonomia creativa. Certo, l'aria di quel tempo non conobbe solamente protagonisti, ma suggestionò anche comprimari e furbi imitatori. Su questo tema il dibattito rimane aperto, poichè non tutti i giudizi formulati sui nostri artisti appaiono giusti e definitivi. Come diceva Carlo Carrà, il prestigio dell'arte sulla collettività dipende per un buon terzo dal sussidio di chi scrive e parla al pubblico. Ma chi scrive e parla al pubblico, aggiungiamo noi curatori della mostra, non è infallibile. Per questo speriamo che questa rassegna riesca a porre in una migliore luce artisti che non hanno finora ricevuto sufficiente attenzione e, quindi, giustizia.

I protagonisti

Entrato proprio nel 1925 a far parte ufficialmente del gruppo del «Novecento Italiano», dopo aver saltuariamente frequentato la Galleria Pesaro, Alberto Salietti assume il ruolo di segretario del Comitato.

Partendo da una pittura di matrice verista-intimista, Salietti si volge a una ricerca improntata ad un primitivismo arcaizzante come dimostra il dipinto *Canzone italiana* del 1925 in cui sono evidenti i riferimenti masacceschi, filtrati probabilmente da Carrà, ospite assiduo di Salietti, ma soprattutto pierfranceschiani, in quella particolare qualità della luce, nella nota azzurra del cielo che innalza la magra tavolozza di terre del dipinto, e nelle stesse figure, solidamente piantate a terra con i piedi nudi e maggiormente poste in primo piano dalla funzione scenica delle architetture retrostanti.

Attraverso il disegno, che non è separato dal colore, e la composizione, si attua una messa in risalto degli elementi essenziali, attraverso un processo di sobria semplificazione con tendenza alla geometrizzazione. In essa, tuttavia, spicca l'interesse per il dato naturale curato con particolare attenzione: le agavi argentee, l'albero carico di agrumi e lo spicchio di mare richiamano l'elemento musicale prettamente mediterraneo del quale essi costituiscono l'estensione visibile del sonoro. Il pittore induce nell'osservatore una sensazione di carattere sinestetico in cui i suoni emessi dagli strumenti musicali e gli elementi del paesaggio si fondono armonicamente.

L'atmosfera evocata dal dipinto è quella del Realismo magico, la visione è trasfigurata in un'immagine di sogno in cui si scardinano le proporzioni ed i rapporti di profondità.

Pronto ad accogliere il nuovo linguaggio dibattuto in tutta Italia nel corso dei primi anni Venti e precocemente attento a svilupparne con grande sensibilità gli spunti è Antonio Giuseppe Santagata, autore nel 1922 di un dipinto, raffigurante una *Pietà*, in cui si possono già rintracciare puntuali riferimenti ai nuovi fermenti, soprattutto per quanto riguarda l'impianto dell'opera: le figure si stagliano su di uno sfondo spoglio, neutro che, non offrendo spunto alcuno a divagazioni, pone in evidenza la drammaticità del soggetto: una donna in piedi, alta, che accudisce un sofferente seduto. Anche se le immagini, specialmente quella femminile, presentano ancora elementi di ascendenza secessionista - è infatti quasi una citazione klimtiana il particolare delle braccia tese - è chiara la volontà di recupero della volumetria dei corpi e della solida costruzione dello spazio.

La volontà di ricostruire la forma si sente nella proposizione insistente della figura umana, spinta sino al recupero del tema classico del nudo. Santagata esegue appunto nel 1923 la grande tela *Nuda sdraiata* che, presentata nello stesso anno all'Esposizione della Società di Belle Arti genovese, riscuote il favore della critica proprio per quelle evidenti caratteristiche che la informano, espressione della volontà costruttiva dell'artista.

Il dipinto è risolto mediante un delicato gioco di passaggi tonali, la gamma dei colori è ridotta ai neutri, calibrati sapientemente in una serie di corrispondenze cromatiche e luminose tra il fondo ed i piani emergenti; l'unica nota squillante, costituita da un cuscino rosso, è stata volutamente smorzata dall'ombra proiettata dalla snella ed elegante figura e pertanto armonizzata con il tessuto tonale.

L'artista immette nel dipinto alcuni elementi che riportano ad una tradizione pittorica di matrice ottocentesca. Essi costituiscono un residuo illustrativo che si palesa attraverso la resa di alcuni particolari: è infatti riprodotto minuziosamente il ricamo che decora il copriletto sul quale è sdraiata la modella. Il particolare offre lo spunto per una digressione che contrasta con la sinteticità con la quale è condotto l'esercizio pittorico e contribuisce, con un riferimento realista, a far sentire ancora più distaccata e irraggiungibile la figura della donna, la cui espressione, grazie anche alle ombre proiettate sul viso, appare severa e lontana, contrastante con la delicatezza degli impasti. È questo contrasto a comunicare la sensazione d'intangibilità che investe la persona, il cui fisico è asciutto e nervoso, molto diverso dalle grazie morbide esibite dalla modella immortalata da Pietro Marussig nella tela, di soggetto analogo, *Nudo* (o *Venere addormentata*), del 1926.

Entrambi i dipinti contengono tuttavia elementi compositivi che li accomunano: ad esempio il riferimento ad un interno domestico borghese, l'equilibrata fusione fra le forme ed i rapporti chiaroscurali. Ma se la modella di Marussig, sorpresa nel sonno, viene trasfigurata in una Venere che si rivela allo spettatore in tutta la sua sensuale bellezza, la bella donna ritratta da Santagata, pur messa a nudo, rimane irraggiungibile, somigliante solo a se stessa.

Anche Domenico Guerello, pur risolvendo il dipinto *Calma argentea* del 1922 mediante soluzioni pittoriche derivate dall'esperienza del divisionismo e della Secessione viennese, introduce alcuni elementi estranei a tale tradizione pittorica, indicativi di un nuovo indirizzo di ricerca: un fondale in cui predomina il fitto arabesco della vegetazione; un orizzonte aperto

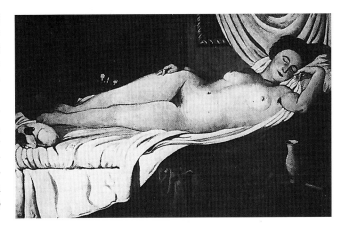

Piero Marussig, *Venere addormentata*, 1926

grazie allo spicchio di mare; mentre la totale assenza di vento rende il tutto immobile. L'atmosfera è come cristallizzata, lo spazio «metafisico» del dipinto è sapientemente costruito e l'adozione di una fredda gamma tonale contribuisce a creare un senso di irrealtà e di rarefazione. Emerge in controluce la figura in primo piano, assorta, condotta con una linea continua che accentua il senso plastico della forma e focalizza l'attenzione sulla fissità dell'immagine: quasi un manichino.

È la conferma dell'inizio da parte del pittore dell'adesione alla poetica strutturale delle nuove vie di espressione legate al «Novecento», verso un tipo di pittura alienata da tematiche estranee alla propria esperienza. In essa il paesaggio diviene un simbolo figurativo cui affidare l'espressione dello stato d'animo del soggetto.

In dipinti come *Novembre secco,* del 1924, anche il colore e la qualità della luce subiscono un'alterazione in senso antinaturalistico: l'atmosfera è rarefatta ed immobile, i volumi sono nitidi, squadrati nella luce zenitale che contribuisce ad alleggerirli e gli accostamenti tonali particolarmente raffinati sono realizzati con una tavolozza chiara e fredda. Non è rimasta alcuna traccia dell'uomo entro questi paesaggi, l'unico riferimento alla presenza delle persone è costituito da pochi panni stesi ad asciugare. Ma il dato che caratterizza i dipinti di questo periodo è il silenzio assoluto e irreale.

Pietro Dodero, la cui formazione è avvenuta non solo in ambito ligure ma anche presso l'Accademia di Monaco di Baviera diretta da Von Stuck, e a Bologna con Adolfo De Carolis, realizza in questi anni alcuni dipinti di figura in cui elabora in maniera personale le diverse esperienze culturali europee alla luce delle nuove istanze che il pittore va accogliendo e sperimentando, lungo un percorso che dal dipinto *Sulla terrazza* del 1923, lo condurrà ad eseguire tele quali *Le due sorelle* e il *Venditore di arance*.

Nella prima di queste opere sono ancora chiari gli influssi di matrice secessionista, tuttavia Dodero colloca già le figure in uno spazio e in una luce particolare; l'artista risolve il quadro attraverso tre ordini di diversa profondità: il primo piano è occupato, in basso, da una tavola sulla quale fanno bella mostra di sé un elegante vaso di vetro soffiato, alcuni oggetti di argenteria e frutti; in alto, da una tenda che proietta la sua calda ombra colorata sulla terrazza sottostante. Questi due elementi orizzontali introducono lo spettatore all'interno dello spazio del dipinto, ove campeggiano le tre figure disposte entro uno schema piramidale, di ascendenza chiaramente rinascimentale, al centro della quale spicca la grande nota scura dell'abito della donna, fortemente contrapposta all'elemento chiaro costituito dal modellino di barca: sono insieme i toni più alti e più bassi della tela, quasi un contrasto tra i due «non colori» bianco e nero.

La corsa dello sguardo si blocca alle spalle del gruppo. È la ringhiera che delimita la fine del secondo piano; oltre si estende il paesaggio marino del golfo, un fondale posto a chiudere la terza dimensione del quadro: a mano a mano che il pittore svolgerà la propria ricerca focalizzando l'attenzione sulla figura umana, spariranno gli elementi di dispersione, sino alla comparsa, in *Venditore di arance* e *Nei pescivendoli*, del fondo neutro. In questi dipinti non è rimasto nulla di celebrativo, l'iconografia è molto quotidiana e consueta, la semplicità formale si accompagna alla sintesi plastica: risulta evidente l'adesione di Dodero al clima culturale creato dagli artisti del Novecento. Adesione che viene poi confermata in maniera inequivocabile nella grande composizione de *Le due sorelle* del 1925.

Le due figure siedono su di un divano una accanto all'altra, allacciate in un abbraccio, ma i loro sguardi non si incontrano; forte è la loro contrapposizione: l'una, vestita di bianco, è rivolta verso lo spettatore e costituisce l'elemento attivo della coppia, mentre l'altra, in nero, si presenta di profilo, fissando passivamente un punto all'esterno dello spazio del quadro; tra le due donne giace, aperto, un libro.

Il grande dipinto è risolto attraverso l'impiego predominante delle gamme chiare; tuttavia alcune zone campite da toni decisi costituiscono punti posti in evidenza: alle spalle delle due spicca la nota più calda, un elemento colorato che, nell'economia del dipinto, ha un valore soltanto in quanto macchia rossa posta dialetticamente in contrasto con la fascia verde che cinge la vita della figura di sinistra. Questo particolare è esibito dall'artista che fa sfoggio della propria cultura ed abilità pittorica: egli ricorre a un effetto di cangiantismo nei riflessi serici del tessuto; inoltre il contrasto simultaneo dei complementari è sapientemente equilibrato dalla grande massa scura del vestito indossato dalla figura posta alla destra dell'osservatore.

Il quadro presenta i caratteri tipici del Novecento, che vanno dal predominio della figura a una componente di antinaturalismo e si presta ad un confronto con la tela di soggetto analogo: *Le amiche* di Ubaldo Oppi, del 1924.

Qui, tuttavia, al rapporto tra le due donne, che peraltro è caricato di una maggiore ambiguità rispetto allo stesso tema trattato da Dodero, si aggiunge un più insistito riferimento al mondo antico. Non solo le due figure in primo piano sono drappeggiate entro veli, quali moderne veneri, ma dallo sfondo emerge una statua classicheggiante, allusiva all'eternità dell'Eros. Per confermare l'utilità di questo parallelo è giusto aggiungere alla documentazione anche una specifica corrispondenza tra *Le due sorelle* di Dodero e un'altra opera di Oppi, *Il fratel prodigo* del 1924. Qui il parallelo compositivo, al di là del diverso soggetto, è ancor più incalzante.

Per Emanuele Rambaldi, il quale a Chiavari lavora a stretto contatto con le personalità di spicco del Novecento, è quasi un'esigenza quella del ritorno alla plasticità della forma e alla costruzione, che conduce l'artista ad eseguire, nel 1924, la natura morta *Le uova*; una composizione nitida di chiara ispirazione novecentista, in cui compaiono alcuni elementi caratteristici, ad esempio, della pittura di Casorati, quale l'accostamento delle uova alla ceramica. Gli oggetti sono disposti su di un candido panno le cui marcate pieghe, evidenziate dal gioco chiaroscurale, sembrano seguire le direttrici prospettiche oblique della costruzione, creando un effetto di «fuga» fortemente allusiva alla terza dimensione del dipinto.

Dal 1924 l'artista passa da una pittura caratterizzata da tocchi di colore puro direttamente fuoriusciti

Ubaldo Oppi, *Le amiche*, 1924

Ubaldo Oppi, *Il fratel prodigo*, 1924

dal tubetto, alla ricomposizione dell'immagine che viene poeticamente trasfigurata. Le esperienze precedenti sono riviste alla luce di una riconquistata concretezza e reincanalate verso il realismo e la tradizione. Nasce così *Arlecchino e Pulcinella*, del 1928.

Negli assorti ritratti di questo dipinto, l'adozione dei costumi rimanda ai personaggi della commedia dell'arte, al loro carattere di italianità; ma i suoni e l'allegria implicite in un tale riferimento vengono congelati in una silenziosa atmosfera gravata dalla presenza, all'interno della stanza, di alcuni oggetti carichi di significati sottesi.

Alla parete di fondo, sull'asse centrale del dipinto, parzialmente nascosta dal tendaggio, è appesa un'enigmatica immagine della luna raffigurante le sue diverse fasi; sulla superficie del tavolo sono appoggiati gli ingredienti di un frugale pasto: il pane, il vino e un pesce. Sono un richiamo agli antichi simboli del cristianesimo, fortemente contrastanti per il loro ca-

rattere sacrale con la natura carnascialesca della maschera posta immediatamente accanto.

Deposta quest'ultima, i volti sono tristi, i personaggi vengono riportati alla dimensione di uomini, gli sguardi assenti, velati di tristezza, non si incontrano. Allo stesso modo, in un dipinto dal soggetto analogo, opera di Antonio Donghi, *Il giocoliere* del 1926, un circense con lo sguardo fisso nel vuoto siede a terra, le spalle appoggiate ad una cassa. Davanti a lui giacciono gli strumenti del mestiere: le sfere che, ora inanimate, non conservano nulla dell'aspetto magico conferito loro dal movimento. Con l'acquisita staticità esse hanno perso il potere di stregare il pubblico attraverso l'ipnotico roteare in aperta sfida della legge di gravità; e come loro il giocoliere, che adesso appare come un uomo stanco e solo con la propria alienazione.

Sempre nel corso degli anni Venti, Rambaldi affianca alla natura morta e alla figura anche il paesaggio, reso con forti accenti novecentisti.

Mario Sironi, *Paesaggio urbano,* 1920

Antonio Donghi, *Giocoliere,* 1926

È proprio a quest'ultimo genere che si accostano, pur adottando un differente approccio di sentimento e di visione, molti artisti in questo stesso periodo. Per alcuni di essi tale tematica costituisce addirittura il motivo centrale della poetica pittorica: si assiste infatti generalmente ad una semplificazione primitivista dei volumi, derivata dalla lezione di Cézanne e reinterpretata alla luce della visione di Carrà. Ma l'attenzione è rivolta tuttavia ai più diversi aspetti e alle differenti realtà del paesaggio: da un lirismo che recupera i caratteri dell'impressionismo, alle disincantate immagini delle periferie di Sironi, ai «passaggi a livello» ferroviari tanto cari proprio a Rambaldi e allo stesso Salietti.

La periferia, terra di nessuno, zona di confine in cui la natura è vilipesa e violentata dall'uomo, ricrea un ambiente privo di identità propria, ostile alla vita. Essa compare più volte in dipinti di artisti liguri, come nel caso delle tele, opere di Giacomo Picollo e Raffaele Collina, intitolate rispettivamente *Paesaggio di periferia* e *La centrale elettrica*: in esse, rispetto alla interpretazione che dello stesso tema ci offre Si-

roni (si veda ad esempio, dello stesso, *Paesaggio urbano* del 1920), predomina l'aspetto della desolazione: nessun accenno rivela infatti la presenza degli abitatori di questi luoghi.

In Sironi è possibile cogliere più di un riferimento, se non alle figure umane, al prodotto della tecnologia: le fumose ciminiere, i mezzi di locomozione; nei dipinti di Picollo e Collina l'atmosfera è sospesa su di un assolato deserto di desolazione, il silenzio che s'intuisce è rotto dal vibrante ronzio della corrente elettrica che percorre i cavi tesi tra i tralicci metallici, unico indizio della presenza dell'uomo.

Picollo organizza lo spazio all'interno della tela attraverso l'impiego di uno schema disegnativo del quale sono evidenti tracce i contorni scuri posti, senza irrigidire l'aspetto della composizione, a delimitare i volumi: la pittura è infatti morbida di sfumature, specialmente nei particolari della vegetazione resa attraverso veloci pennellate oblique; Collina fonde invece maggiormente l'elemento volumetrico e quello coloristico, senza quasi ricorrere al supporto del disegno.

Più serena ed armonica, meno conflittuale, è la visione di Lino Perissinotti che, in un dipinto dal soggetto analogo, schiude, tra i solidi volumi delle case, spiragli aperti sulle profondità del paesaggio. Attraverso essi s'intravvede l'orizzonte il cui profilo si staglia contro il cielo chiaro. La natura e l'uomo condividono lo stesso spazio: l'abitazione è accanto alle rocce, la crescita della vegetazione invade la strada: si avverte lo stesso sentimento di rispetto ed amore per l'ambiente naturale che pervade anche l'opera di Salietti.

In un altro paesaggio, opera del pittore Paolo Stamaty Rodocanachi, l'artista introduce la dimensione storica all'interno del dipinto titolato *San Gimignano*: in esso le torri, nei cui volumi regolari si avverte la volontà costruttiva della forma di matrice cezanniana, svettano sullo sfondo di un cielo dal tono basso e uniforme, che crea un effetto di magica sospensione.

L'immagine ha una grande forza evocativa, ed è nata dalla meditata sovrapposizione di magre pennellate di colori tonali, da un procedimento contemplativo che acuisce il senso di profondità temporale, di lento scorrere degli anni tra le antiche mura.

Questo atteggiamento di volontà di indagine e conoscenza profonda del soggetto - quasi sempre un paesaggio - rimarrà anche negli anni successivi una costante nell'arte di Rodocanachi, la cui casa di Arenzano ove visse con Lucia Morpurgo, si trasformò in un animato salotto, centro di incontri eccezionali.

Ligure di nascita ma piemontese d'adozione, amico di Arturo Martini, Eso Peluzzi fissò dopo la guerra la propria residenza al santuario di Savona, che fu lo sfondo della sua vita e del suo immaginario poetico. Egli imparò a conoscere ed a amare ogni particolare della natura del paese che aveva eletto a nuova dimora, ed a ristabilire il giusto ordine di rispetto delle persone e dell'ambiente di vita, partecipando al circuito espositivo nazionale e alle rassegne dei pittori novecentisti.

È in modo discreto che questo artista si pone di fronte al soggetto della pittura, fissando, come vediamo in *Neve a Montechiari d'Acqui* del 1926, un paesaggio scandito da un'impostazione plastica della costruzione, entro la quale i volumi sono riassunti con capacità sintetica.

L'atmosfera è come congelata al di sotto della cappa del cielo. In basso il pittore riproduce, con i colori di una magra tavolozza, una porzione di paese in cui aleggia un'atmosfera di sospensione temporale, da paesaggio incantato; s'intuisce il silenzio ovattato e la percezione è amplificata dalla presenza del manto innevato che ricopre l'intera vallata.

La sensazione di estraneità rispetto al soggetto si tramuta in familiarità grazie alla stretta e profonda relazione che lega l'artista alla natura dei luoghi. Si tratta infatti di una realtà familiare contemplata più

Eso Peluzzi, *Giocatori di carte,* 1931

volte, ma tuttavia non caricata di sue personali emozioni.

Nel genere del paesaggio si assiste, in questo periodo, sia a semplificazioni primitiviste che vanno dalle periferie di Sironi ai passaggi a livello tanto cari a Rambaldi, sia a recuperi di Cézanne e dell'impressionismo. La particolare visione di Peluzzi trova peraltro un più preciso riscontro nell'opera di meditazione sul paesaggio condotta negli stessi anni da Giorgio Morandi nel cui *Paesaggio,* del 1925, la semplificazione e l'arcaismo sono assunti senza complicazione di riferimenti intellettualistici ed applicati all'analisi del quotidiano. Il soggetto della pittura è per Morandi, così come per Peluzzi, una realtà familiare fatta di oggetti che riferiscono di un chiuso mondo concreto.

Mattino d'argento del 1927 appartiene al gruppo dei ritratti eseguiti da Oscar Saccorotti tra il 1927 e il 1928, in cui l'artista dà dimostrazione di grande sensibilità nei confronti di quanto si stava realizzando nell'ambito del movimento culturale nazionale.

Giorgio Morandi, *Paesaggio,* 1925

L'interesse crescente per la figura, che condurrà ad una progressiva diminuzione dell'importanza accordata allo sfondo e al dato naturale, con la solidità strutturale e la misura compositiva unite all'astrazione intellettuale collocano i soggetti all'interno di una dimensione di sospensione sovratemporale e sono elementi questi che accomunano la pittura di Saccorotti al filone del Realismo italiano degli anni Venti, del quale presenta infatti tutti i caratteri distintivi.

Mattino d'argento ritrae una giovane donna: la figura, fissata all'interno di un ambiente di abitazione, si staglia contro una finestra attraverso la quale appare, al di là delle fronde degli alberi, il panorama di una città rivierasca.

Entro lo sfondo, che nei ritratti di Guerello (da *Calma argentea* a *Rosita*) era interamente occupato dalla luminosa presenza della natura, fa la sua comparsa un paesaggio urbano con notazioni impressioniste, permanenza di un residuo illustrativo: ecco infatti il fumo fuoriuscire da una ciminiera sulla costa e, più lontano, dal fumaiolo di una nave nel golfo.

La tramontana agita le chiome degli ulivi argentei (ultima presenza di un mondo soggetto alle regole della natura) prima d'incontrare il diaframma della finestra che introduce nell'atmosfera irreale e sospesa dell'interno dell'abitazione.

Lo sguardo assente della ragazza trova riscontro nella geometrica perfezione dell'appartamento che viene realizzata non solo attraverso la disposizione degli elementi d'arredamento, impaginati al di qua della griglia ortogonale della finestra, ma anche grazie all'equilibrio cromatico ottenuto mediante la sapiente disposizione sulla tela dei colori primari, distribuiti tenendo conto del valore e del peso di ciascuno di essi.

Ed ecco infatti che, sul piano di una sedia dal razionale design, trovano collocazione una teiera cilindrica rossa e una tazzina gialla, elementi caratterizzati da forti qualità di solidità formale, dialetticamente opposti alle striature verticali blu del tendaggio all'altra estremità del dipinto. Nella soluzione del controluce la figura emerge da una luminosità diffusa, ma il pittore aggiunge una supplementare fonte di luce, opposta a quella naturale, che permette di realizzare la sinfonia di bianchi nella quale è risolto l'abito della giovane.

Evidente è l'affinità con Casorati nella fissità del soggetto, la cui espressione è spesso segnata da una vena di tristezza; in quel suo vivere sospeso nell'intimità della trasfigurata luce domestica, circondato dall'immobilità attonita degli oggetti abbandonati entro grandi stanze deserte, che contribuiscono a creare una particolare atmosfera di tensione e di attesa.

Particolarmente vicini, per concezione e per morbidezza della sostanza cromatica, ai ritratti realizzati da Saccorotti nel biennio '27-'28, sono i due ritratti di Mario Tarello, dipinti sul recto e sul verso della stessa tavola, eseguiti da Casorati proprio nel 1927.

Un artista la cui produzione è concentrata nell'arco di poco meno di un decennio è Amighetto Amighetti: egli trovò infatti precocemente la morte a soli 28 anni, ma, pur giovane, riuscì ad esprimersi in modo maturo e personale inserendosi nella corrente del Novecento italiano.

Alla scuola fiorentina di Felice Carena approfondì le proprie conoscenze e recuperò nella sua tavolozza alcune tonalità della pittura naturalista ottocentesca e tardo impressionista, con richiami alla ricchezza cromatica di certa pittura del Seicento e Settecento.

Felice Casorati, *Ritratti di Mario Tarello*, 1927

La *Natura morta* datata 1928, ha il fascino di una evocazione: sulla candida superficie di una tovaglia posata su una tavola circolare sono disposti gli oggetti che costituiscono la composizione: una bottiglia ed un bicchiere in posizione decentrata rispetto all'asse verticale del quadro, di cui costituiscono insieme la componente verticalizzante; una zuppiera ed una scodella di ceramica colma di frutta; e, ancora, altri frutti abbandonati sul tavolo.

Tutti gli elementi sono collocati entro il triangolo di spazio delimitato a destra dalla diagonale del dipinto. Il tocco della pittura è rapido e leggero, le lunghe ombre portate sul lino chiaro equilibrano il vuoto lasciato sul piano. Ma esse non provengono tutte dall'interno della tela: il primo piano è infatti investito da un'ombra proiettata da una sagoma esterna. È lo scorcio di un interno domestico ove il pittore ristabilisce un rapporto intimo e lirico con gli oggetti usua-

li, con le piccole cose ed i frammenti del mondo naturale.

Il tema e la fortuna della natura morta coincidono, in questo periodo, con un'analisi lucida delle banalità del quotidiano, una ricerca volta al rinnovamento di un rapporto immediato e privo di tensioni con la natura.

Lo stesso sentimento di armonia tra uomo e natura, si sprigiona dalla ricerca poetica di Cornelio Geranzani, come si osserva in una grande tela dal titolo *Vecchio e conchiglie*, nella quale è appunto fissata la figura di un uomo, seduto accanto alla sua raccolta di tesori del mare.

Il pittore accosta le conchiglie ed il vecchio proponendo un'analogia. E infatti le superfici sono tecnicamente trattate allo stesso modo.

Entrambi i soggetti sono organismi che portano il segno del tempo. I fossili del mare si sono accresciuti attraverso lenti processi e ora giacciono accanto alla saggezza dell'uomo acquisita nell'arco di una vita, plasmati dalle stesse forze naturali. Dopo aver superato indenni le avversità si espongono sotto il sole allo sguardo dello spettatore.

Lo spazio è essenziale, la solida volumetria delle figure è accentuata dal fondale neutro; il nitore delle immagini ricorda le realizzazioni di Bucci, specialmente i ritratti da questi realizzati nella prima metà degli anni Venti.

Evasio Montanella aderisce alla poetica del Novecento, alla quale apporta il proprio contributo attraverso la produzione di dipinti d'interni in cui sono ritratti gruppi di figure.

Un esempio di questo settore dell'opera del pittore è costituito dal raffinato dipinto *Le sorelle*, realizzato nel 1926. In esso sono rappresentate due adolescenti sedute ad un tavolo all'interno di un ambiente borghese. La scena è immersa nella luce, appena smorzata dalla tenda, che rischiara la stanza e crea un effetto di fusione tra tutti gli elementi della equilibrata composizione, in contrasto con la situazione suggerita dall'artista. Le ragazze sono una di fronte all'altra, ma sembrano estranee e non comunicano tra loro: immersa nella lettura di un libro l'una, gli occhi puntati sullo spettatore l'altra.

Sul candido lino della tovaglia campeggia un vaso di fiori in posizione lievemente decentrata rispetto al centro della tela; ciò fa sì che la nostra attenzione, attirata dal ritmo degli elementi disposti sulle direttrici verticali, si fissi proprio sul volto della giovane che ci restituisce imbronciata lo sguardo.

Legato da profonda amicizia con Montanella è Pietro Gaudenzi, un artista che, nel periodo della piena maturità, dopo una formazione accademica poi perfezionata in ambito secessionista monacense, risente in modo molto personale del clima del Novecento. È nel 1931 che egli organizza a Milano, presso la Galleria di Lino Pesaro, una mostra antologica praticamente replicata alla fine dello stesso anno a Genova nella splendida cornice di Palazzo Ducale. In questa sede egli espose la sua opera di maggior respiro, *Lo sposalizio*.

Dopo una gestazione durata per quindici anni, testimoniata dai bozzetti e da alcune tele in cui compaiono i personaggi del grande dipinto, l'opera assunse l'aspetto definitivo. Maturata attraverso lo studio e la riflessione sui capolavori della tradizione pittorica italiana, essa paga il proprio debito anche nei con-

fronti del movimento novecentista, sul quale si aggiorna la pittura di Gaudenzi, contraddistinta da un colore materico e corposo, da una pennellata sciolta e piuttosto disfatta, che l'artista disciplina maggiormente appunto nelle ultime opere, proprio alla luce del rigore imposto dall'innovazione del Novecento. La scena dello *Sposalizio* si dispiega, lungo l'impianto orizzontale, attorno alla tavolata ove siedono e si raccolgono le figure degli invitati. In essi l'artista rappresenta tutte le tappe dell'esistenza, dalla fanciullezza alla canizie, e le diverse condizioni umane: ecco una coppia di anziani genitori, una madre che tiene stretto il suo bambino, il sacerdote, le donne sole, gli sposi. Tutti sono composti e compresi nel ruolo di ministri e testimoni del sacramento matrimoniale.

Il dipinto, sebbene non compaiano direttamente in esso simboli religiosi, è pervaso da un'atmosfera sacrale: è possibile cogliere il riferimento all'iconografia tipica dell'*Ultima Cena* e nulla di gaudente traspare dalle serie espressioni dei personaggi.

Nella versione definitiva dell'opera il sacramento del matrimonio è addirittura accostato a quello eucaristico: la ieratica figura dello sposo è infatti fissata nell'atto di spezzare il pane.

Il tema religioso è affrontato direttamente da Alberto Helios Gagliardo nel dipinto *Cristo scompare da Emaus*, del 1931.

Alcuni elementi compositivi dell'opera attestano una volontà di rinnovamento all'interno dell'iconografia religiosa: questi sono principalmente basati sull'originalità del punto di vista, sulla solidità dello schema compositivo, qui basato su direttrici oblique, e sulla messa in risalto dei valori di plasticità. Il tavolo attorno al quale sono disposte le figure costituisce infatti un piano nato dall'incontro degli assi cartesiani rappresentati dal profilo stesso del tavolo e dall'angolo delle spoglie pareti del fondo.

I personaggi assistono all'evento miracoloso, in sé accettabile solo attraverso l'irrazionalità della fede, in uno spazio ortogonale, essenziale, enfatizzato dal valore assoluto del candore della tovaglia. Gagliardo ha così creato un'immagine di grande effetto, nella quale si innesta la ricerca sviluppata sulle suggestioni fornite dal movimento del Novecento.

Anche Adelina Zandrino, in un dipinto dal taglio inconsueto si accosta alla tematica religiosa: nello spazio della tela intitolata *Uno di voi mi tradirà*, sono delineate le figure di Cristo e di due apostoli.

Pietro Gaudenzi, *Maternità,* 1930 circa

Adelina Zandrino, *Madre,* 1932

Il figlio di Dio e Giuda siedono uno di fronte all'altro ma i loro sguardi non s'incontrano: gli occhi del primo sono fissi nel vuoto, mentre il secondo non osa alzarli su di lui; l'altro apostolo, stretto alla figura del Messia, è posto al margine del dipinto, la sua immagine è parzialmente tagliata fuori dall'inquadratura entro la quale l'ideale obbiettivo dell'artista isola, dal più ampio contesto dell'ultima cena, i protagonisti nel drammatico attimo della rivelazione del tradimento.

La tensione è sottolineata, oltre che dal gioco degli sguardi, anche dal tessuto pittorico: i contorni scuri delimitano il profilo delle figure con pennellata ricca e materica.

È importante sottolineare la particolare predilezione e l'interesse sociale della Zandrino nei confronti della figura femminile, in particolar modo materna. Le hanno dato infatti notorietà le composizioni in cui la donna è madre e punto di riferimento irrinunciabile nella famiglia, fino a diventarne principale guida spirituale e materiale.

Lo spirito del «Novecento» le consente d'inviare questi messaggi con una rinnovata forza che si palesa attraverso il dilatarsi dell'immagine umana e la fondamentale presenza del gesto; il tutto reso con tecnica personale che ricorda, e non a caso, l'affresco.

Agli artisti che aderirono alle istanze novecentiste nel momento del loro determinarsi e concretarsi sul campo della pratica pittorica, si affiancano coloro che parteciparono in un secondo tempo, anche perché più giovani rispetto ai primi: è la generazione dei pittori nati nel nuovo secolo.

Luigi Bassano realizza nel 1930 la natura morta *Nello studio* impaginata entro uno schema compositivo impostato su direttrici prospettiche oblique e sulla contrapposizione di volumi di diversa natura: tondeggianti e morbidi quelli dell'anfora e dei frutti, rigidi e squadrati gli altri.

È insistentemente proposto l'elemento dell'angolo retto, impiegato nella costruzione di superfici spigolose, aggettanti verso lo spettatore in una corrente di moto che percorre il dipinto in direzione contraria rispetto alla corsa lungo i punti di fuga: il pilastro della parete di fondo, enfatizzato dallo zoccolo che lo percorre, trova una corrispondenza nel tavolino, che ne ripete, lievemente ruotato, l'andamento ritmico. È suggerita pertanto una sensazione di perdita d'equilibrio: sbilanciato dal peso dei due frutti appoggiati sullo spigolo a noi più vicino, il tavolino rischia di ribaltarsi, ma il pittore inserisce un elemento bloccante sufficiente ad arginare il flusso dinamico: è il rovescio di una tela che porta la firma dell'artista e la data.

Nella rassegna è anche da ricordare Giovanni Patrone, autore di numerose figure femminili ritratte con una tecnica molto personale: i rapidi tocchi di colore seguono l'andamento dei ben delineati volumi dei corpi, i quali sono fissati entro spogli ambienti dalle atmosfere inerti, caratterizzati da una sintesi volumetrica che ne mette in evidenza le componenti elementari attraverso una riduzione geometrica delle forme. In particolare nei nudi l'artista rapisce l'originale fascino del corpo umano, liberandolo da ogni compiacente particolare. In tal modo, magicamente, riesce a rendere le figure femminili classiche ed immortali pur nella povertà dell'ambiente circostante resa ancor più evidente dalla stessa drastica riduzione cromatica che toglie al nudo ogni impulso sensuale.

Sono tutti segni rivelatori dell'alta qualità di un artista quasi misterioso, del quale si conoscono poche opere e al quale la critica ha finora dedicato scarsa attenzione e limitati scritti, al punto che la ricostruzione dell'iter artistico si rivela ardua impresa.

Guglielmo Bianchi, pittore, letterato, poeta, e molte cose ancora, è una delle figure colte del panorama artistico dei primi cinquant'anni in Liguria.

Conoscitore profondo dei valori pittorici non solo liguri, aderisce con visione profonda e convinta, al movimento del «Novecento italiano», dimostrando consapevolezza culturale e tecnica, la sua adesione appare tuttavia più distaccata dal concetto metafisico.

Le sue opere sono indiscutibilmente legate tra loro da un unico filo conduttore, profili incisi marcati con accentuazioni tonali da riminiscenze secessioniste.

Le rappresenta ottimamente il dipinto *Il marinaio* del 1933, in cui Bianchi coglie nella realtà il meglio del proprio fare in arte, dimentico dell'onirico e sempre tenacemente attento sia ai risvolti psicologici del soggetto sia allo studio dell'effetto pittorico.

Una caratteristica quest'ultima, legata strettamente alla creatività dell'artista lavagnese.

Alfredo Ubaldo Gargani, dopo le esperienze legate prima alla tecnica del post-impressionismo ed in seguito al divisionismo, è particolarmente attratto in questi anni dalla corrente novecentista, con la quale approfondisce in particolare la tematica del ritratto, che esegue attraverso un'acuta indagine del personaggio. Gargani recuperando valori dal risvolto arcaico, li rianalizza e con un revival di intrecci di forme e di poesia dà al soggetto dimensione di attualità. Nel *Ritratto di Mongiardino* l'artista colloca la figura in primo piano sullo sfondo di un ambiente naturale, forse un parco. Gli alberi stilizzati incorniciano il volto del giovane che tiene in mano un giornale sportivo: un ulteriore elemento qualificante che contribuisce a creare la dimensione di profondità psicologica del dipinto.

Lo stesso tema è affrontato da Armando Cuniolo, un artista per il quale il contatto con la poetica del Novecento costituisce il tramite verso una personale elaborazione degli elementi del cubismo.

È infatti attraverso la fase «novecentista» che il pittore, dopo le prime esperienze caratterizzate dagli influssi del post-impressionismo, giunge ad accentuare i valori volumetrici del dipinto, come si riscontra nell'*Autoritratto* realizzato nel 1929.

In esso l'artista fa un particolare uso della luce, che scandisce la plasticità del volto, trattato con una trama di pennellate più fine rispetto, per esempio, ai particolari dell'abito e dello sfondo; inserisce inoltre la figura entro un equilibrato schema compositivo. Come Amighetto Amighetti, dopo la formazione presso l'Accademia Ligustica, Arthur Neill si reca a Firenze alla scuola di Felice Carena ove si perfeziona. In questo periodo egli realizza un tipo di pittura mediante la quale, specialmente nei paesaggi, ricrea composizioni dall'atmosfera rarefatta. In *Ulivi*, gli alberi dai tronchi contorti sono resi attraverso una pittura caratterizzata da rapide ed evidenti pennellate, mentre gli edifici sullo sfondo, dai volumi netti e squadrati dalla luce, presentano superfici trattate in modo più omogeneo; come se l'artista avesse voluto segnare una linea di demarcazione che separa l'ambiente naturale da quello della vita dell'uomo.

«Novecento» in Riviera

Franco Ragazzi

A Chiavari è nato e ha avuto singolare sviluppo un audace movimento in favore dell'arte moderna, quando ancora tutto il resto della Liguria andava avanti con le idee di mezzo secolo fa e pareva nemmeno avvertire che uno spirito nuovo stava scuotendo l'arte italiana dal suo letargo. E intendo, con questo, parlare del Gruppo di Azione d'Arte e dei giovani che lo componevano, che hanno battagliato con animoso e sincero animo: e pareva combattessero contro mulini a vento, mentre erano gli iniziatori della buona battaglia per il rinnovamento dell'arte ligure…[1]

La modernità intesa da Attilio Podestà si configura con i dettami stilistici del Novecento italiano, il movimento sorto nel 1922 a Milano da Lino Pesaro, consacrato dalla Sarfatti alla Biennale del 1924 e nelle mostre alla Permanente di Milano del 1926 e del 1929 oltreché da numerose manifestazioni internazionali. Il Gruppo di Azione d'Arte nasce nel 1925 a Chiavari in questo clima di dibattito estetico e di fervore organizzativo ad opera del pittore Emanuele Rambaldi, dello scultore Francesco Falcone, dell'architetto Enrico Pierazzi e dei giornalisti Metello Pescini e Attilio Podestà. Rambaldi e Podestà, il primo con la sua pittura (ma anche con la progettazione e decorazione di mobili e di ceramiche), che ben presto avrà l'appoggio teorico di Adriano Grande, il secondo con una combattiva attività di critico e organizzatore, trasferiranno rapidamente quei fermenti dalla provincia alla città, da Chiavari a Genova, conquistando nuovi adepti. I casi più significativi saranno quelli di Saccorotti e Amighetti che conoscono una evoluzione in senso novecentista intorno al '27[2], e di numerosi altri. Le mostre annuali genovesi della Promotrice, sostituite alle soglie degli anni '30 dalle Sindacali, e le cronache culturali animate da Grande e Podestà restituiscono l'immagine di un gusto ormai generalizzato ad artisti di diversa formazione e generazione al punto che Valori Plastici e Novecento saranno, come osserva Gianfranco Bruno, *l'unico mo-*

vimento italiano che vedrà a Genova una reale adesione degli artisti, e il conseguente nascere di opere di notevole interesse[3].

Resta il problema del perché Chiavari preceda di qualche anno la città capoluogo nonostante la presenza in questa di personalità come Francesco Messina, Antonio Giuseppe Santagata, lo stesso Arturo Martini (dal 1920 residente a Vado), presenti alla mostra di Novecento del 1926. Una prima risposta potrebbe essere cercata nei rapporti non sempre lineari che questi artisti avevano con Genova e il suo mondo artistico: Messina nel 1930 si trasferirà a Milano, città che frequenta da tempo per lavoro e per *respirare l'aria del «Novecento» che sembrava destinato ad avere funzione di ricostituente nel campo delle arti*[4], Santagata negli anni di esordio della poetica novecentista è a Roma, Martini risiede a Vado dove realizza opere straordinarie ma i suoi interessi sono costantemente rivolti a Milano.

Una chiave di lettura possibile rimane nel percorso artistico di Emanuele Rambaldi, il primo pittore novecentista di Liguria, o meglio, per usare un'affermazione attribuita ad Arturo Martini, l'autore del *primo dipinto moderno apparso in Liguria*[5]. Rambaldi, di formazione autodidatta, esordisce nella pittura con esperienze di carattere *Dada* e una serie di opere comprese fra 1919 e 1922 che risentono di echi *fauve* rielaborati attraverso una personalissima metrica futurista. Il giovane artista, al tempo di queste pitture ha meno di vent'anni, mostra il suo interesse per le avanguardie, e così come si era avvicinato alle lezioni di Matisse e del futurismo, ora avverte in Novecento uno spirito nuovo capace di agitare le arti. *L'ascendenza metafisica traspare in alcuni suoi dipinti a partire dal 1924, nei quali la soda plasticità «novecentesca» s'intride di un'assorta luce di meriggio mediterraneo*[6], evidenziando gli apporti di Casorati, Carrà, Valori Plastici, la rilettura italiana di Cézanne «scoperto» alla Biennale del 1920, soprattutto di quegli artisti del nascente Novecento che proprio in quegli anni avevano eletto Chiavari e la Riviera di Levante a sede dei loro soggiorni estivi[7].

Nell'estate del 1914 trascorre i mesi estivi a Riva Trigoso Carlo Erba, una presenza interessante per seguire il percorso di quegli artisti, in gran parte lombardi, che scelgono con sempre maggiore frequenza la Riviera di Levante. La presenza di Erba, seppur documentata solo per il 1914, anno a cui risalgono numerosi disegni che utilizzerà in seguito per delle incisioni, probabilmente è maggiore come osserva Mario Labò[8] in occasione della «Prima mostra d'arte moderna» tenuta a Chiavari nel 1926 in cui gli viene dedicata una sala d'onore con numerose opere presentate in catalogo da Attilio Podestà[9]. Nel 1914 Carlo Erba è fra i fondatori del gruppo «Nuove Tendenze» con Leonardo Dudreville e Achille Funi, due artisti assidui del Tigullio.

Achille Funi sarà presente per molte estati fra la fine degli anni '10 e gran parte degli anni '20. Fra le sue testimonianze pittoriche più persuasive i dipinti *Autoritratto in riva al mare*, 1918, *La sorella* del 1923 con sullo sfondo, attraverso la finestra semichiusa da un tendaggio, il cantiere navale degli Scogli, il quartiere dei pescatori e dei marinai di Chiavari come lo si poteva vedere dalla finestra di casa Salietti.

Il passaggio a livello degli Scogli sarà dipinto da Funi nel *Paesaggio*, pubblicato da Margherita Sarfatti[10], e da Rambaldi in un'opera con cui esordisce alla Biennale di Venezia nel 1928. Il quartiere degli Scogli, autentica metafora dell'estetica novecentista di Riviera, trasposizione mediterranea di sensazioni metafisiche, diventerà il soggetto di una ricerca nel sogno e nella magia di numerosissime prove, oltre quelle citate di Funi e Rambaldi (che dipingerà scorci del quartiere innumerevoli volte), di Alberto Salietti, Leonardo Dudreville, Mauro Reggiani e, pochi anni dopo, di Piero Marussig e Lino Perissinotti.

Siamo ormai nel clima di Novecento. Di quel gusto Salietti è la presenza artistica più fedele e continua. Trascorre le sue estati a Chiavari in compagnia di Funi almeno dal 1920 e alla città ligure rimane legato da vicende indissolubili. Qui muore di parto la sua prima moglie, a Chiavari conosce Lydia Pasetto che sposa nel 1928 e, nel 1941, nonostante i consigli contrari di Ugo Ojetti (...*no, stabilirsi a Chiavari sarebbe, scusate, un errore. L'assenza dai malevoli è giudicata fuga, e la fuga è sinonimo di paura...*)[11], vi si trasferisce definitivamente fino alla morte nel 1961.

Achille Funi, *Paesaggio*, 1928 circa

Di quel periodo scriverà più volte Attilio Podestà: *A Chiavari venivano da qualche anno in estate i due dioscuri del «Novecento», Funi, taciturna sfinge, e Salietti, impareggiabile segretario; a Zoagli s'era installato il decano, Tosi...*[12].

Alberto Salietti è uno dei più forti, dei più equilibrati, dei più intelligenti pittori del gruppo del Novecento [...]. Come il Tosi, come il Funi, fu soprattutto sincero e semplice e seppe portare il dono dell'equilibrio al movimento con tanta fede iniziato [...]. E poi Funi, scontroso burbero, leale, simpaticissimo temperamento di artista, tra i più forti e dotati nel gruppo delle nuove tendenze, noto in tutto il campo artistico internazionale, per i suoi quadri di classico sapere, di solida costruzione, di toni violenti e sapienti [...]. E con lui ricordiamo Tosi, il buon »papà» del Novecento, il paesaggista insigne, di largo respiro, che derivando dalla ricca sorgente della pittura lombarda, ha saputo darle forza e rilievo plastico moderno. Il buon Tosi, il «vecchio» per modo di dire, tra tanti giovanissimi, ha dipinto a Chiavari, a Zoagli, a Cavi di Lavagna, a Santa Margherita, qualcuno dei suoi quadri più luminosi, più aperti, più succosi...[13].

Negli anni '20 soggiorna in Riviera anche Carlo Carrà. L'estate del 1921 è a Moneglia dove dipinge *Il pino sul mare* e *Marina a Moneglia*, due opere straordinarie destinate a definire un'idea della pittura che sarà fondamentale per l'artista e per l'arte del suo tempo. A proposito di *Pino sul mare* scriverà nella sua autobiografia: *Con questo dipinto io cercavo di ri-creare, per quanto le mie capacità lo consentissero, una rappresentazione mitica della natura... In esso è impresso quel tanto di ordine nuovo che ero andato maturando con studi appassionati sulla realtà natu-rale dal 1918 in avanti*[14].

Carrà continuerà a frequentare la Riviera di Levante ancora per qualche anno, soggiornando a Camogli soggetto di dipinti e numerose incisioni e disegni, poi, contemporaneamente a Achille Funi, lascerà la Liguria per la Versilia.

Fedelissimo alla Riviera ligure per tutta la sua lunga vita sarà Arturo Tosi che scriverà a proposito della sua ricerca di *un'aderenza più intima al sentimento agreste della natura*, di averla trovata *nelle belle val-late del Bergamasco e sui colli della Riviera ligure, ai quali siti sono fedele da molti anni...*[15].

I *colli della Riviera ligure* diventano uno dei luoghi fondamentali della geografia pittorica di Tosi in cui soggiorna ogni anno nei mesi fra l'inverno e la prima-vera a partire dal 1915, data a cui risalgono alcuni acquerelli di Portofino, fino a poco prima della scom-parsa nel gennaio 1956.

Tosi dipinge vedute di Cavi di Lavagna, Chiavari, Portofino, Santa Margherita, soprattutto Zoagli do-ve soggiorna con la moglie Bice all'albergo Nave da-gli anni '20. Nascono in questi lunghi soggiorni liguri dipinti straordinari che documenteranno l'arte del maestro e, al tempo stesso, la migliore immagine del-la Liguria, in mostre nazionali e internazionali. Si pensi ad un'opera come *Zoagli*, nota anche come *Sta-zione di Zoagli*, del 1926, esposta alla mostra di No-vecento del 1929, e poi a Nizza, Stoccolma, Helsin-ki, alla Biennale del 1934, pubblicata da Argan (1942), esposta in tutte le maggiori antologiche del-l'artista, nella mostra «Il Novecento italiano 1923/1933» (Milano, 1983), e, ultimamente, nella mostra di Rapallo dedicata alla rilettura della stagione ligure del maestro[16].

All'inizio degli anni '20 nasce la grande amicizia fra Tosi e Salietti, un rapporto lunghissimo e affettuoso come documenta la loro corrispondenza[17], interrotto soltanto dalla morte del pittore lombardo, che con-tribuisce a capire ulteriormente anche la loro assidua frequentazione della Liguria.

I due artisti avevano esposto per la prima volta insie-me nel 1922 in una vasta collettiva per l'inaugurazio-ne della Bottega di Poesia di Milano. Nel 1925 entra-no contemporaneamente nel Comitato direttivo di

Carlo Carrà, *Il pino sul mare*, 1921

Novecento, in cui Salietti assume la responsabilità di segretario, e saranno ancora insieme nella prima e nella seconda mostra di Novecento, nella mostra «Quindici artisti del Novecento italiano» presentata dalla Sarfatti (1927), in «Sette Artisti Moderni» alla Galleria Milano (1929) e in tutte le mostre interna-zionali organizzate dal movimento. Nell'ambito del gruppo di Novecento Tosi veniva individuato come uno dei massimi esponenti, apprezzato e protetto dalla Sarfatti, venerato dai colleghi anche per la sua maggiore età (nel 1923, quando presenta la sua pri-ma personale alla galleria Pesaro, ha cinquantadue anni) e per i notevoli riconoscimenti ottenuti, al pun-to da essere presente con ben ventisette opere nella mostra del 1929. Ma al di là di questo la sua pittura è ben lontana dal purismo classicista severo e moraleg-giante di artisti come Oppi, Funi, Sironi, ponendosi naturale capofila della corrente «naturalistica» nella quale, dopo una breve stagione «neoprimitivistica» e

Arturo Tosi, *Stazione di Zoagli*, 1926

arcaicizzante, si ritroverà anche Salietti. I due dipingono spesso, sia nel bergamasco che in Riviera, gomito a gomito in giornate di pittura negli studi o *en plein air* da cui traspare lo spirito di solidarietà ma anche le reciproche influenze e differenze.

Tosi, fra i due il più benestante, non lesina in aiuti come quando acquista *Riviera ligure* (un'altra splendida immagine degli Scogli di Chiavari con il tunnel della ferrovia dipinta da Salietti nel 1926), per consentire all'amico di costruire la tomba alla prima moglie nel cimitero monumentale di Milano[18].

Tosi, Funi, Salietti. Il movimento novecentista si completa attraverso altre presenze più o meno assidue. Ubaldo Oppi, già attivo in Liguria dal 1921 con diverse opere fra cui le *Palme* del lungomare di Rapallo, nel 1924 ottiene il prestigioso incarico per la pala d'altare del Beato Antonio Maria Gianelli con *Il miracolo delle rondini* collocata nella chiesa parrocchiale di San Giovanni Battista di Chiavari nell'agosto dell'anno successivo[19]. Alla base della scelta di Oppi stanno sicuramente, con l'affermazione nel concorso di Valdobbiadene per la pala di *San Venanzio* (1923), considerata l'inizio di una «conversione» all'arte sacra, e il grande successo personale alla Biennale veneziana del 1924 (in cui ruppe il sodalizio con il gruppo di Novecento), l'amicizia di Ugo Ojetti, da tempo di casa a Chiavari ospite di Salietti, e la colta munificenza di Virgilio Giorgi, presidente della Fabbriceria di San Giovanni[20].

Dudreville è descritto dal Podestà come *gran cacciatore al cospetto di Dio, che torna di tempo in tempo con la sua aria trasognata a Chiavari, passerà alla storia per aver immortalato la collina di Bacezza*[21]. Mauro Reggiani presenta alla mostra di Novecento del 1929 *Spiaggia di mattina* e *Passaggio a livello*, ancora due immagini degli Scogli di Chiavari. Virginio Ghiringhelli nella stessa mostra espone un'immagine del Cantiere di Riva Trigoso. E inoltre Piero Marussig, Mario Vellani Marchi, Raffaele De Grada, assidui frequentatori di casa Salietti. Più tardi arriveranno Umberto Lilloni, che alla Biennale del 1934 espone ben cinque paesaggi di Lavagna, e Lino Perissinotti.

Perissinotti si trasferisce a Chiavari nel 1936, dove vivrà fino alla fine nel 1967, con una esperienza pittorica di notevole interesse maturata nell'incontro fra il colorismo della sua origine veneta, l'influenza di Novecento degli anni '20 e il tonalismo romano, di Mafai, che frequenta durante il soggiorno romano del 1933-36. In Liguria la sua esperienza si colloca in parallelo e continuità con il novecentismo naturalista di Tosi e Salietti.

Se numerosi artisti lombardi erano di casa in Riviera, altri artisti liguri, o residenti in Liguria, non difettavano di rapporti con Milano e con ambienti culturali molto vivaci. Nell'ambito rivierasco meritano una doverosa attenzione i percorsi di Enrico Paulucci, Guglielmo Bianchi, Francesco Falcone e Rodolfo Castagnino. Il primo, nato a Genova, trasferitosi a Torino ancora ragazzo, ha mantenuto costanti rapporti con la Liguria, in particolare con Rapallo[22]. Noto per la partecipazione al gruppo torinese dei «Sei pittori», sorto di fatto in antitesi ai postulati sarfattiani, viene invitato alla mostra di Novecento del 1929 dove espone una serie di paesaggi liguri.

Bianchi, mecenate di poesia e letteratura oltre che poeta egli stesso, si avvicina alla pittura alla fine degli anni '20 attraverso la lezione novecentista di Rambaldi e Saccorotti con cui espone nel 1931 presentato da Adriano Grande. La sua pittura, oggetto di una recente riconsiderazione critica[23], evidenzia i rapporti e le influenze culturali presenti fra gli anni '20 e i '30 che hanno reso possibile la nascita, intorno a Bianchi, a Genova e, in modo particolare, a Lavagna, di uno dei più vivaci e colti movimenti dell'arte e della cultura moderna in Liguria.

Falcone rappresenta, come osserva Franco Sborgi[24], un caso di difficile collocazione per il complesso di

Alberto Salietti, *Riviera ligure,* 1926

stimoli formativi e di esperienze artistiche tese fra modernismo (in particolare da Wildt) e neo-simbolismo, recuperi quattrocenteschi, ricerche espressionistiche, come nelle teste di *Centauro* e nelle maschere, approdi novecentisti maturati forse nei ripetuti incontri con l'ambiente delle mostre milanesi d'arte decorativa (1923-1925). La sua adesione a Novecento è evidente in alcune stilizzazioni orientaleggianti di cui uno dei risultati più significativi è rappresentato dalla *Donna indiana*, non a caso del 1925, l'anno della sua adesione al Gruppo d'Azione d'Arte, e in opere come la pala lignea della *Deposizione della croce*, oggi a Miami, The Wolfsonian Foundation, contributo di Falcone all'*Oratorio* progettato da Mario Labò per la mostra internazionale di Monza del 1927 con opere di Arturo Martini, Micheletti, Galletti, Castagnino.

Castagnino, nato e cresciuto in Liguria alla bottega degli intagliatori, negli anni '20 è a Milano dove, meditando le lezioni di Wildt, Andreotti e Martini realizza una scultura *volta a superare, attraverso arcaismo e stilizzazione, il tradizionalismo di molta della scultura del tempo*[25] che mostra una perfetta sintonia, quasi una anticipazione, della poetica novecentista. Inutilmente cerca di essere invitato alla prima mostra di Novecento (*Io avrei vivo desiderio di poter esporre alla mostra del 900, perché in tutte le mostre a cui ho preso parte fin'ora mi sono sempre*

Ubaldo Oppi, *Il miracolo delle rondini,* 1925

trovato a disagio, e questa, dato il suo programma, credo l'unica esposizione nella quale mi sentirei a posto spiritualmente...)[26], e, quando viene invitato alla seconda (1929), non vi partecipa. La sua è una personalità dotata di una eccezionale sensibilità, con un carattere chiuso e scontroso da cui nascerà la leggenda di *Castagnino scultore che non parla*[27]. Palesa questo atteggiamento anche quando risponde ad una inchiesta sul movimento. Mentre Rambaldi afferma sicuro: *Penso che il movimento novecentista sia l'unica forza originale italiana di questo secolo,* Castagnino osserva scetticamente: *Penso che è come le religioni; tutte buone se i sacerdoti non le guastano*[28].

Enrico Paulucci, *Sul porto di Santa Margherita,* 1928

1. A. PODESTÀ, *Panorama artistico chiavarese,* in «Chiavari Anno X», numero unico, 22 novembre 1931.

2. G. GIUBBINI, *Apparenza e simbolo: le metamorfosi del principio di realtà nell'opera di Oscar Saccorotti,* in *Il laboratorio fantastico di Oscar Saccorotti,* Catalogo della mostra, Genova, Museo d'arte contemporanea di Genova, ERG, 1994, p. 17.

3. G. BRUNO, *La pittura in Liguria tra Ottocento e Novecento,* in *Novecento. Catalogo dell'arte italiana dal Futurismo a Corrente,* n. 3, Milano, Mondadori, 1993, p. 14.

4. F. MESSINA, *Poveri giorni,* Milano, Rusconi, 1974, p. 119.

5. Il giudizio di Martini pronunciato di fronte ad un paesaggio ligure, *una collina d'un verde un po' cupo, con tanti dadetti di case,* esposto da Rambaldi alla Promotrice del 1924, è in A. PODESTÀ, *Rambaldi quarant'anni di pittura,* Catalogo della mostra, Chiavari, 1964.

6. G. BRUNO, *La pittura del primo Novecento in Liguria (1900-1945),* in *La pittura in Italia. Il Novecento 1900-1945,* tomo I, Milano, Electa, 1992, p. 41; si veda anche E. MASTROLONARDO, *Omaggio a Emanuele Rambaldi (1903-1968),* Catalogo della mostra, Lavagna, 1988, p. 4.

7. Sulla presenza degli artisti di Novecento nella Riviera di Levante: F. RAGAZZI, *La «Riviera magica». Alberto Salietti nella Chiavari degli anni '20 e '30,* in *Salietti,* Catalogo della mostra, Chiavari 1992; F. RAGAZZI, *Tosi, Funi, Salietti... il «Novecento» in Riviera,* in *Arturo Tosi. La stagione ligure di un maestro del Novecento,* Catalogo della mostra, Milano, Charta, 1995.

8. Labò scrive infatti: *Carlo Erba, caduto giovanissimo in guerra, soggiornò lungamente a Chiavari...,* in M. LABÒ, *La Prima Mostra Chiavarese d'Arte Moderna,* in «Atti della Società Economica di Chiavari», Anno 1926, p. 85.

9. La mostra promossa dalla Società Economica di Chiavari si avvale di una commissione di accettazione formata da Mario Labò, Guido Miche-
letti e Giuseppe Sacheri e vede nei ruoli di protagonisti gli artisti e gli intellettuali del Gruppo d'Azione d'Arte: *Prima mostra chiavarese d'arte moderna,* Catalogo delle opere, Chiavari, 1926.

10. M. SARFATTI, *Storia della pittura moderna,* Roma, Paolo Cremonese, 1930.

11. Lettera di Ugo Ojetti a Alberto Salietti, Firenze, 1 febbraio 1941, Chiavari, Archivio Salietti.

12. A. PODESTÀ, *Rambaldi quarant'anni di pittura,* cit. Lo stesso testo in A. GRANDE, A. PODESTÀ, *Rambaldi,* Savona, Sabatelli, 1965.

13. ALBA (Attilio Podestà), *Pittori a Chiavari,* in «Chiavari Anno X», numero unico, 22 novembre 1931.

14. C. CARRÀ, *La mia vita,* Roma, Longanesi, 1943, p. 358.

15. *Prima Quadriennale d'Arte Nazionale,* Catalogo della mostra, Roma 1931, pp. 29-30. La nota autobiografica è pubblicata in premessa all'elenco delle opere esposte nella prima sala del Palazzo delle Esposizioni. La stessa nota venne pubblicata sul catalogo della *Seconda Quadriennale* del 1935, pp. 119-120.

16. C. GIAN FERRARI, F. RAGAZZI, *Arturo Tosi. La stagione ligure di un maestro del Novecento,* Catalogo della mostra, Milano, Charta, 1995.

17. Parte delle lettere di Tosi a Salietti sono conservate nell'Archivio Salietti di Chiavari. Alcune lettere fra 1942 e 1955 sono pubblicate in F. RAGAZZI, *Tosi, Funi, Salietti... il «Novecento» in Riviera,* cit., pp. 23-27.

18. L'episodio, insieme con molti altri della vita di Salietti, è riportato dalla moglie Lydia in L. BORTOLON, *Il pittore del vero,* in «Grazia», 11 febbraio 1968.

19. Sulla commissione a Ubaldo Oppi si veda nell'Archivio parrocchiale di S. Giovanni Battista a Chiavari: *Libro Fabbriceria, corrispondenza, contratti, quietanze dal 1930 al 1932; 1925 Memoria,* in *Diversorum;* e inoltre: *Il quadro del Beato Gianelli,* in «La Sveglia», 14 dicembre 1924; *Il quadro del Gianelli,* in «La Sveglia», 16 agosto 1925.

20. Virgilio Giorgi, benestante chiavarese, console del Panama, era Presidente della Fabbriceria dal 1907. Fra il 1904-1913 aveva realizzato la sua sontuosa villa (architetto Anton Angelo Tirelli) con decorazioni di Galileo Chini, Francesco Falcone, Luigi Agretti.

21. ALBA (Attilio Podestà), *Pittori a Chiavari,* cit.

22. Si veda in particolare il catalogo della mostra *Enrico Paulucci. «Quando Rapallo...»,* Rapallo, 1992, con la presenza di opere realizzate nel Tigullio fra 1928 e 1939.

23. F. RAGAZZI, *La pittura di Guglielmo Bianchi: fra Novecento e Antinovecento,* in *Il mondo di Guglielmo Bianchi. Arte e poesia fra Lavagna, Parigi, Buenos Aires,* Catalogo della mostra, Genova, Sagep, 1995.

24. F. SBORGI, *Francesco Falcone e Rodolfo Castagnino,* in *Cento anni di scultura a Chiavari fra '800 e '900,* Catalogo della mostra, Genova, Sagep, 1993, pp. 64-74.

25. F. SBORGI, *Francesco Falcone e Rodolfo Castagnino,* cit., pp. 68-74.

26. Lettera di Rodolfo Castagnino a Margherita Sarfatti, Milano, 14 gennaio 1926, Chiavari, Archivio Salietti.

27. R. CASTAGNINO, *Autobiografia,* in *Cento anni di scultura a Chiavari...,* cit., p. 75, il testo riprende l'autopresentazione dello scultore pubblicata nel catalogo della mostra personale presso la Galleria Genova di Genova nel febbraio 1939.

28. *Il «Novecento» nostra inchiesta fra gli invitati,* in «Bollettino d'arte», Milano, Ed. Galleria Bardi, a. II, n. 4, febbraio 1929, pp. 18, 26.

Aspetti della stagione «novecentesca» nella scultura ligure

Matteo Fochessati

Le vicende della scultura ligure negli anni Venti e Trenta, in una fase di affermazione della cultura novecentesca e di quel clima generalmente definito come «ritorno all'ordine», risultano in qualche maniera emblematiche rispetto alle contraddizioni che caratterizzarono il panorama artistico italiano dell'epoca. Esse infatti testimoniano il passaggio da una cultura tardo simbolista, ancora fortemente presente nelle esperienze dei primi anni Venti, ad una riflessione linguistica che, attraverso la mediazione di Valori Plastici prima e di Novecento dopo, porta ad un recupero dei valori del classicismo e dell'arcaismo. Il generale approdo di queste esperienze nel corso degli anni Trenta a scelte formali naturalistiche determina infine, come è noto, in alcuni casi, un'involuzione verso strutture espressive retoriche e celebrative, in linea con le direttive culturali del regime.

Nell'affrontare dunque la lettura della stagione novecentista della scultura ligure, ci si propone di evidenziare quali furono i passaggi e le motivazioni dell'adesione a quest'area di ricerca.

Innanzitutto si deve mettere in rilievo la presenza in Liguria, anche se in alcuni casi saltuaria, di alcuni importanti esponenti del movimento novecentista che poterono mettere in contatto l'ambiente locale con le vicende artistiche nazionali. Si pensi ad esempio ai soggiorni in riviera di artisti quali Salietti, Tosi, Funi ed Oppi, ma soprattutto alle importanti presenze di Arturo Martini a Vado e di Francesco Messina a Genova. Entrambi gli scultori rappresentarono un determinante riscontro nell'ambito della ricerca plastica in Liguria per le tangenze con l'area novecentista: Martini per una attenta riflessione sulla sintesi delle forme e sull'arcaismo, che risulta un importante modello per l'evoluzione degli strumenti espressivi di artisti come Micheletti, Falcone, Galletti e Servettaz; Messina per la sua precipua esperienza di sintesi tra naturalismo e classicismo.

Tali influenze andarono comunque ad innestarsi su un terreno di ricerca che già attraverso altre vicende aveva avviato un proprio processo di apertura alle esperienze nazionali ed internazionali. Il permanere di istanze tardo-moderniste agli inizi degli anni Venti nelle prove di molti tra gli scultori liguri fu infatti gradatamente assorbito da un aggiornamento di sintesi formale di matrice déco, sviluppatosi attraverso la assidua e consistente partecipazione a mostre di arti decorative, con la presentazione anche di opere di arte applicata[1]. Alla Prima Biennale di Monza del 1923 partecipano infatti tra i Liguri gli scultori Baroni, De Albertis, Castagnino e Falcone; due anni dopo alla Sala ligure del Grand Palais alla «Exposition des Arts Décoratifs et Industriels Modernes» di Parigi espongono De Albertis, Micheletti, Vassallo, Bassano, Lucarini, Santagata, Falcone, Armando Barabino, Galletti, Giarrusso, Messina. Le opere in mostra, tranne che per il deciso carattere déco del bassorilievo in ceramica *La Fiamma* di Messina, rivelano ancora tuttavia un diffuso clima di ricerca tardo-liberty. Una prova generale di rinnovamento stilistico si avverte però, nello stesso anno, nelle opere presentate dagli artisti liguri alla seconda edizione della Biennale di Monza (ricordiamo tra gli altri la presenza di Falcone, Baroni, De Albertis, Lucarini, Galletti, Messina e Vassallo). E la conferma di questa evoluzione verso un'adesione a problematiche linguistiche di area déco e novecentista si ha infine alla Terza Biennale di Monza, specie nella Sala del Marmo disegnata dall'architetto Giuseppe Crosa di Vergagni, dove troviamo tra le altre opere la novecentesca *Cerere* in pietra di Messina.

A fronte quindi di esperienze più isolate, rispetto al contesto nazionale, si deve mettere in rilievo come lo sforzo di aggiornamento degli scultori liguri si faccia più evidente a partire dalla metà degli anni Venti - anche in concomitanza con le vicende concorsuali[2] - attraverso la partecipazione a importanti rassegne espositive. E a tal proposito si ricordi la massiccia presenza degli scultori liguri alla Biennale del 1926, alla quale espongono Galletti, Castagnino, Prini, Messina, Martini e Baroni, quest'ultimo con il bozzetto d'assieme e alcuni studi per il monumento al Fante. L'apporto di artisti di una generazione precedente, quali appunto Eugenio Baroni (1880-1935) e Edoardo De Albertis (1874-1950), risulta infine fondamentale per lo strutturarsi in Liguria di un'area di ricerca in sintonia con le esperienze plastiche nazionali ed internazionali. Baroni infatti, pur senza una totale apertura ad ipotesi avanguardistiche, rappresenta il tramite per alcune interessanti esperienze europee, mentre De Albertis, partito da una ricerca di area simbolista, diviene un importante riferimento stilistico per gli scultori più giovani, spostandosi verso una progressiva riduzione formale in senso déco e per una successiva fase di sintesi realista che ha il suo culmine espressivo ne *L'uomo di Ampère* del 1932, conservato presso la Galleria d'Arte Moderna di Genova-Nervi. Baroni interpreta dunque il superamento del Liberty, in direzione di un realismo drammatico connotato da un arcaismo che, nel caso ad esempio di opere monumentali quali il monumento al Fante e il monumento al Duca d'Aosta, portava ad una definizione sintetica e geometrizzata delle masse volumetriche. La sfortunata vicenda del concorso per il monumento al Fante (1920-1921), rappresenta l'uscita nazionale di Baroni, considerato l'appoggio favorevole al suo progetto da parte di illustri scultori, tra cui Wildt, Bistolfi, Cambellotti e Minerbi, nonostante il veto mussoliniano che ne impedì la realizzazione[3]. Il concorso per il monumento al Duca d'Aosta (1932-1935), la cui realizzazione fu affidata, come è noto, dopo la morte dello scultore a Publio Morbiducci, vide l'artista ligure contrapposto ad un personaggio del calibro di Martini, il quale aveva ottenuto un riconoscimento ufficiale nel 1931, conseguendo il primo premio alla I Quadriennale romana[4]. Risulta vincitore Baroni, ma il fatto scatena una serie di aspre polemiche, enfatizzate dai giornali dell'epoca, tra i sostenitori di entrambi gli scultori. Nei vari studi per il monumento di Baroni, di cui è esposto qui un bozzetto preparatorio per la figura de *L'alpino* (1933), si ritrovano i motivi già presenti negli studi per il monumento al Fante: una rappresentazione emblematica ed antiretorica dei protagonisti della Grande Guerra, isolati nell'astrazione geometrica della struttura architettonica e modellati attraverso una drammatica resa espressiva. Edoardo De Albertis, protagonista del modernismo genovese ed animatore dell'Associazione Pro Cultu-

Eugenio Baroni, *L'alpino*, 1933, bronzo, h cm 70, Collezione privata

ra Artistica, fondata nel gennaio del 1914 e alla quale aderirono tra gli altri Galletti, Messina, Lucarini, Vassallo e Giarrusso, comincia a sperimentare come si è detto a partire dagli anni Venti una semplificazione formale dei volumi, con una sempre maggiore attenzione ai valori architettonici delle composizioni. Il risultato di questa fase di ricerca, in linea con una stilizzazione di matrice déco, si ritrova ad esempio nelle tombe Caprile (1922) e Scorza (1928) al Cimitero di Staglieno. La geometrizzazione delle forme troverà in seguito termini di tangenza con le ricerche novecentiste, in alcuni casi attraverso esiti arcaizzanti, in altri come nel citato *L'uomo di Ampère* attraverso una drammatica resa espressiva. Tale processo di semplificazione compositiva è evidente nei bozzetti della versione piacentiniana del monumento ai Caduti di piazza della Vittoria, di cui viene esposto in mostra un esemplare, *Il lavoro* del 1930 circa. Queste componenti di sintesi dei dati formali rappresentarono, come si è detto, un riferimento fondamentale, anche senza incidere direttamente sulle loro specifiche scelte stilistiche, per alcuni scultori delle generazioni più giovani, tra cui Galletti, Messina, Vassallo e Micheletti.

Come si è detto un importante polo di riferimento per gli artisti liguri fu rappresentato dalla permanenza di Martini (1889-1947) a Vado, dove risiede a periodi alterni a partire dal 1920. È di questo stesso anno il bronzo *La pulzella d'Orleans*, nella quale cominciano ad evidenziarsi questi caratteri di arcaismo ed anti-pittoricismo, come risultante di una tensione verso la levigatezza e compattezza dei volumi, che lo scultore trevigiano andrà sviluppando negli anni successivi. Il 1921 è tra l'altro l'anno di adesione, su invito di Broglio, al gruppo di «Valori Plastici»: un altro segnale dello sviluppo di un suo personale discorso formale e poetico sui temi della classicità. Il riferimento al classico si va infatti definendo nella sua opera di questi anni come richiamo ad un mito primario, in certa assonanza con le contemporanee esperienze di Sironi, e *Il figliol prodigo* del 1926 (esposto alla seconda mostra del Novecento nel 1929) rappresenta la sintesi più significativa di questa ricerca. Altra risultante di questa tendenza all'arcaismo - di cui si ha un esempio più tardo di questo *Ritorno di Ulisse* del 1935 - si venne evidenziando in una tensione al dramma e al sogno che trovò la sua migliore espressione nei lavori di terracotta. Tale materiale possedeva infatti le giuste qualità espressive per realizzare soggetti connessi a quei temi mitologici che Martini reinterpretava, arricchendoli di motivi della tradizione popolare e della cultura classica, al fine di ricreare suggestive ambientazioni calate in una dimensione atemporale. E questa produzione testimonia inoltre non solo un'importante fase di ricerca di Martini, nel periodo della sua adesione al Novecento, ma anche la ricchezza delle relazioni che venne intessendo in questi anni in Liguria. I ventisette lavori in terraccotta che nel 1927 Martini espose in una mostra alla Galleria Pesaro di Milano erano infatti editi dalla D.I.A.N.A. (Decorazione Industrie Artistiche Nuovi Arredamenti), la società creata da Mario Labò il quale, per la sua collaborazione con Martini nel campo della produzione della ceramica, si avvalse dell'apporto della «Fenice» albisolese di

Edoardo De Albertis, *Il lavoro,* 1930 circa, gesso, h cm 57, Collezione privata

Arturo Martini, *Il ritorno di Ulisse,* bronzo, 1935, Collezione privata

Manlio Trucco e, dall'ottobre 1928, dell'I.L.C.A. di Nervi, di cui lui stesso era titolare[5].

Altra figura emblematica e di riscontro per molte delle esperienze liguri in campo plastico fu, come si è visto, Francesco Messina (1900), perlomeno fino ai primi anni Trenta quando lo scultore di origine siciliana si trasferì a Milano, per andare a ricoprire la cattedra di scultura a Brera. La reale consistenza della sua presenza in Liguria è testimoniata tra l'altro dalla sua continua partecipazione a mostre locali e regionali. Dal punto di vista della sua evoluzione stilistica in questo periodo, si può brevemente rilevare come, già a partire dai primi anni Venti, Messina venne sperimentando quella sintesi tra naturalismo e classicismo che sarà la cifra caratteristica della sua produzione successiva. In termini formali questa tendenza si esprimeva attraverso una linearità e secchezza dei volumi, non esente da suggestioni déco o da certa propensione all'arcaismo, come dimostrano le citate *Fiamma* esposta nel 1925 a Parigi o la *Cere-*

re della Biennale di Monza del 1927. Intanto nel 1926, data di partecipazione alla prima mostra del Novecento e della sua presenza alla Biennale, conosce Martini. In questo momento le due tendenze naturalista e classicista sembrano ancora presentarsi disgiunte nelle sue opere. L'incontro con Martini, con l'apporto dell'arcaismo e della semplificazione delle forme, sembra porsi quindi come determinante per le sue prove successive. Ed è infatti proprio verso la fine degli anni Venti e poi con sempre maggiore equilibrio e continuità negli anni Trenta (si pensi alla serie dei *Pugili,* di cui si espone una versione del 1930 circa) che si realizza la sintesi nelle sue sculture tra la forza costruttiva classica ed un naturalismo di rappresentazione che, in alcuni casi, si avvaleva del ricordo del verismo ottocentesco.

Le influenze di Baroni e di De Albertis, da un lato, e di Martini e Messina, dall'altro, risultarono dunque determinanti nel passaggio di molte esperienze liguri all'interno del clima del Novecento. Questo processo di aggiornamento si sviluppa attraverso una progressiva semplificazione delle forme che se da una parte recuperava l'eco delle suggestioni déco - da qui l'importanza delle partecipazioni alle Biennali monzesi e all'esposizione parigina del 1925 - e di alcune specifiche esperienze internazionali (le strutture volumetriche di un Maillol), dall'altra risentiva della lezione dell'arcaismo di Martini e della sua particolare rivalutazione della tradizione quattrocentesca, intesa più nel senso di una definizione plastica, che come richiamo celebrativo.

Una conferma della consistenza di queste influenze sul clima di ricerca ligure, si può rintracciare nella vicenda artistica di Guido Galletti (1883-1977) molto prossima, con le dovute proporzioni, a quella di Messina. La sua ricerca, anch'essa caratterizzata da una precocissima e ricca attività espositiva, si muove fino ai primi anni Venti all'interno di un ambito modernista, fortemente connotato da motivi simbolisti. A partire dal 1926 la sua ricerca inizia a caratterizzarsi per una più evidente semplificazione delle forme, sensibile alle suggestioni del clima déco (*Il pescatore ligure* del 1927, Pinacoteca Civica di Savona) e aperta da un lato all'arcaismo martiniano (*L'albero secco,* esposto alla Biennale di Venezia del 1930), dall'altro ad un fresco naturalismo. A fronte di queste tendenze, comincia ad evidenziarsi dai primi anni Trenta l'adesione ad un classicismo inteso in un'accezione più celebrativa, preludio di un accademismo

che successivamente troverà riscontro nella retorica ufficiale di opere propagandistiche. Il *Ragazzo che scaglia una pietra - Balilla* del 1931 (conservato presso The Wolfsonian Foundation di Genova e di cui esiste una versione in marmo presso la Galleria d'Arte Moderna di Genova-Nervi), rappresenta un'opera esemplificativa di questa fase di ricerca; in particolare l'assunto classicista si esprime in quest'opera, come in certe prove di Messina (si pensi al *Nudo di giovinetto* del 1929), attraverso un recupero del realismo ottocentesco, con chiari riferimenti, nella scultura di Galletti in mostra, al verismo meridionale. Connotato da un accademico recupero classicista e da un monumentalismo formale appare fin dalle prove della metà degli anni Venti l'approccio realista di Antonio Maria Morera (1888-1964): dalla serie dei monumenti ai caduti (per la caserma A. Doria di Genova del 1922 e quello di Genova-Rivarolo del 1926), fino ad arrivare negli anni Trenta ad opere come *Navigatore* o *Marinaio*, eseguito prima in gesso per la visita del Duce a Genova nel 1938 e poi definitivamente in marmo nel 1940. Fuori dagli impegni pubblici, come nel caso del bassorilievo in marmo *Le sorelle* del 1930 circa, la ricerca di Morera rivela una maggiore freschezza d'ispirazione, pur nella permanenza di un'impronta di classicismo accademizzante. Partito da un ambito di ricerca di sapore modernista che, nella continuità del primo dopoguerra si arricchisce anche di suggestioni bistolfiane, Armando Vassallo (1892-1952) arriva verso la metà degli anni Venti, in linea con la generale inversione di tendenza sopra rilevata, ad una sintesi delle forme di stampo déco, di cui il bronzo in mostra, *Nuda* del 1926 (del quale esiste un'altra versione presso la Galleria d'Arte Moderna di Genova-Nervi) rappresenta un risultato emblematico, anche in relazione al carattere lirico che andava affermandosi nella sua produzione. La stilizzata geometria compositiva e la levigatezza delle superfici sarà la base di partenza, nelle sue opere successive, per una più evidente tangenza novecentista, caratterizzata in particolare da influssi wildtiani.
Un identico passaggio dalle iniziali posizioni Liberty a modelli compositivi di matrice déco contrassegna anche la produzione plastica di Cesare Giarrusso (1887-1945). La sua partenza modernista, caratterizzata dall'influenza di De Albertis, sembra permanere fino al 1925, anno in cui partecipa all'esposizione parigina, esponendo una lunetta in legno traforato e policromo ancora di sapore tardo Liberty. L'ag-

Francesco Messina, *Pugilatore*, 1930 circa, bronzo, h cm 72, Collezione privata

Guido Galletti, *Balilla*, 1931, bronzo, h cm 123, The Mitchell Wolfson Jr. Collection, Courtesy the Wolfsonian Foundation, Genova

Anton Mario Morera, *Sorelle*, 1930 circa, marmo, cm 50 × 45,5, Collezione privata

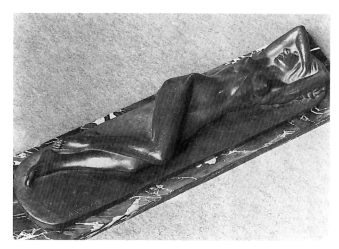

Armando Vassallo, *Nuda*, 1926 circa, bronzo, cm 72 × 17, Collezione privata

giornamento in senso déco si evidenzia nel corso delle Biennali di Monza del 25 e del 27 e a seguito di un suo soggiorno a Parigi dal 1927 al 1928, durante il quale frequenta gli studi di Cominetti e Mazzei. Verso gli anni Trenta con l'affermarsi di un certo naturalismo, derivante dall'approccio con l'esperienza novecentesca, Giarrusso accentua i caratteri realisti della sua produzione, come appare evidente nella *Pomona* del 1930, esposta in mostra.

Anche in Adolfo Lucarini (1890-1959) il passaggio verso le semplificazioni formali degli stilemi déco, arricchiti nel suo caso da suggestioni esotiche e da un certo arcaismo, si può situare dopo il 1925, data della sua partecipazione alla Biennale monzese. In precedenza la sua formazione tardo-liberty aveva risentito degli influssi di Baroni, alle cui soluzioni plastiche si avvicina anche in una fase successiva, caratte-

Cesare Giarrusso, *La pomona,* 1930 circa, legno, h cm 40, Collezione privata

Rodolfo Castagnino, *La perla,* 1932, legno, h cm 77, Collezione privata

Adolfo Lucarini, *Maternità,* 1928 circa, bronzo, h cm 50, Collezione privata

rizzata da una sorta di sintesi volumetrica di carattere espressionistico, come appare evidente nella terracotta *Uomo che cammina* del 1925 (The Wolfsonian Foundation, Genova). Il passaggio ad una stilizzazione plastica di impronta déco, maturata anche nell'ambito di esperienze nel campo delle arti applicate, venne evidenziandosi attraverso una sintesi compositiva che, come nella *Maternità* del 1928, esposta in mostra, ancora risentiva di caratteri tardomodernisti.

È l'apertura comunque a suggestioni realiste che si andranno convogliando negli anni Trenta verso un ambito novecentista, come dimostrano le volumetrie della successiva *Maternità* del 1935, conservata presso la Galleria d'Arte Moderna di Genova-Nervi.

Pur essendosi trasferito già nei primi anni del Novecento a Roma, la vicenda di Giovanni Prini (1877-1958) si lega ai processi di evoluzione stilistica dell'area ligure sopra evidenziati. In particolare si nota

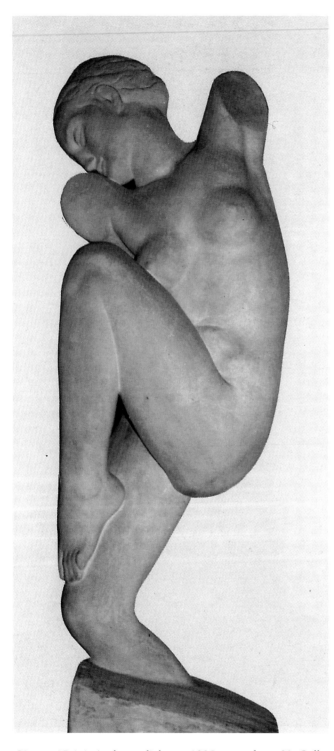

Giovanni Prini, *Arabesco di danza*, 1925, gesso, h cm 80, Collezione privata

nella sua ricerca il passaggio da una cultura modernista, percorsa da tensioni simboliste, ad una stilizzazione déco - cui perverrà compiutamente negli anni Venti - filtrata anche attraverso le influenze della Secessione tedesca e sviluppata, in particolare, nella sintesi architettonica dei monumenti funebri. Queste soluzioni di geometrizzazione delle forme si ritrovano in alcune opere degli anni Venti, caratterizzate da tematiche intimiste care all'ispirazione dello scultore. Si vedano in merito il *Nudo di bimba* del 1920, l'*Idoletto familiare* del 1926 circa e l'*Arabesco di danza* del 1925, di cui una versione in bronzo fu esposta alla Biennale di Venezia del 1926. In quest'opera in gesso il gioco di contrasto delle tensioni dinamiche, sprigionantesi dalla torsione del corpo, è inquadrato in una sintesi compositiva di sapore classicheggiante che, nonostante l'intimismo di fondo, rappresenta un ricorrente approccio della scultura di Prini all'area di ricerca del Novecento; una tangenza che Prini, all'interno del più generale clima di ritorno all'ordine e di ufficiale celebrazione classicista, svilupperà più concretamente negli anni Trenta attraverso il potenziamento delle volumetrie.

Più autonome rispetto alle vicende della scultura ligure, nonostante alcuni motivi di tangenza, appaiono le esperienze di due artisti chiavaresi, quali Francesco Falcone (1892-1978) e Rodolfo Castagnino (1893-1978), accomunati dall'innestarsi di una formazione artigianale su una progressiva evoluzione di passaggi stilistici, sui quali studi recenti hanno cominciato a fare maggior luce[6]. Le ricerche di entrambi gli artisti, nonostante l'autonomia del percorso, si intrecciano con l'evoluzione del Novecento, in particolare quella di Castagnino il quale risiede a Milano dal 1926 al 1927, entrando in rapporto con l'ambiente artistico locale. A conferma del radicarsi di queste relazioni, che in qualche modo sfatano quella fama di artigiano isolato diffusa dalla critica dell'epoca, bisogna ricordare l'invito a partecipare nel 1929 alla Seconda Mostra del Novecento Italiano[7], le due successive personali a Milano presso la Galleria Micheli nel 1929 e la Galleria Pesaro nel 1934, oltre la vittoria del concorso nazionale di Brera nel 1927 con il bronzo *La cucitrice*. All'interno di questo discorso si deve tenere conto anche dell'iniziale influenza sulla sua opera di Wildt con il quale Castagnino era entrato in contatto già dal 1923, in occasione della partecipazione alla mostra dell'Angelicum di Milano. A partire da questo periodo Casta-

Francesco Falcone, *Donna indiana*, 1925, legno, h cm 80, Collezione privata

gnino andò sviluppando un processo di stilizzazione compositiva su cui, negli anni Trenta, fece confluire istanze naturalistiche, venate da un certo arcaismo, come nel caso della *Sudanese* (1932), di *Bambino nudo* (1932) o della stessa opera esposta in mostra, *La perla* del 1931, di cui esiste un'altra versione presso la Galleria d'Arte Moderna di Genova-Nervi. Nell'opera di Francesco Falcone - in qualche modo segnata dal processo di aggiornamento della scultura ligure con la partecipazione alle mostre di arti decorative, in particolare a quella di Parigi del 1925 - si riconoscono a partire dagli anni Venti due direttrici di ricerca: da un lato, una drammaticità espressiva rafforzata dai dati realistici e dalla valorizzazione dei dati materici (come nel gruppo *Scirocco* presentato alla Biennale di Monza del 1925), dall'altro, una stilizzazione déco dal carattere esotico ed orientaleggiante che appare evidente nella *Donna indiana* del 1925 in mostra. Anche nel caso di quest'opera, an-

Guido Micheletti, *Scaricatore*, 1929, bronzo, h cm 72, Galleria d'Arte Moderna di Genova-Nervi

Nanni Servettaz, *Maternità,* 1931, terracotta, h cm 50, Collezione privata

ch'essa presentata all'esposizione di Monza, la perizia tecnica dello scultore fa risaltare i valori espressivi della materia, potenziando i contrasti tra le parti levigate e quelle dove permane la ruvidità del legno.

Orientato tra la fine degli anni Venti e i primi anni Trenta verso una plastica connotata da elementi di stilizzazione e di arcaismo, Guido Micheletti (1889-1981) trovò una felice espressione per le sue scelte formali nella scultura funeraria (la tomba Morgani al cimitero monumentale di Milano del 1929, in collaborazione con Enzo Bifoli; la tomba Micheletti a Staglieno del 1929; la figura femminile per la cappella Quaglino, a Zubiena Biella, su progetto di Beniamino Bellati, del 1933). Il progressivo avvicinamento al realismo, influenzato ancora nell'approssimarsi

degli anni Trenta dalla modellazione volumetrica dealbertisiana, è testimoniato invece da *Lo scaricatore* del 1929, esposto alla I Mostra del Sindacato Ligure di Belle Arti e conservato presso la Galleria d'Arte Moderna di Genova-Nervi. Tale opera comunque mantiene ancora, rispetto a prove successive più connotate da una vena populistica come *Il bocciatore* del 1932, una forte stilizzazione nell'impianto strutturale delle volumetrie.

L'influenza martiniana è infine decisamente evidente nella ricerca di Nanni Servettaz (1892-1973) che venne recuperando dalla lezione del maestro trevigiano le valenze primitivistiche ed arcaicizzanti, in funzione anche di una valorizzazione dei dati materici. A partire dai primi anni Trenta, questa tensione ad una dimensione primaria dell'opera venne esprimendosi sia in prove caratterizzate da un vigoroso impatto espressivo e da un'accentuata consistenza strutturale - come nella terracotta *La Mandragora* del 1930 o nel *Colloquio con l'angelo* del 1934 - sia attraverso la sperimentazione di archetipi figurativi, attuata nella trasposizione di motivi primitivistici. Ed è questo il caso della *Maternità* del 1930, conservata presso la Galleria Nazionale d'arte moderna di Roma, e dell'altra *Maternità* del 1931 esposta in mostra, in cui l'intesità ieratica delle figure è accentuata da richiami a stilemi iconografici orientali.

1. Per un maggiore approfondimento su queste tematiche si rimanda a C. OLCESE SPINGARDI, *La scultura e le arti applicate negli anni Venti,* in F. SBORGI, C. OLCESE SPINGARDI, R. MASSETTI, *La scultura a Genova e in Liguria,* Genova, 1989, pp. 32-42 e alla relativa bibliografia.

2. In merito a queste vicende si veda F. SBORGI, *I concorsi,* in F. SBORGI, C. OLCESE SPINGARDI, R. MASSETTI, *op. cit.,* pp. 28-33.

3. Per questo aspetto specifico dell'attività di Baroni, si veda F. SBORGI, *Il «caso Baroni» e il concorso nazionale per il Monumento al Fante,* in F. SBORGI, C. OLCESE SPINGARDI, R. MASSETTI, *op. cit.,* pp. 15-23 e F. SBORGI (a cura di), *Eugenio Baroni,* Catalogo della mostra, Bogliasco, 1990, scheda n. 7, pp. 45-48..

4. F. SBORGI, *Ufficialità e iconografia di regime nella scultura degli anni Trenta,* in F. SBORGI, C. OLCESE SPINGARDI, R. MASSETTI, *op. cit.,* pp. 125-127 e F. SBORGI, *op. cit.,* 1990, scheda 33, pp. 76-78.

5. Per l'attività ceramistica martiniana in Liguria, oltre al citato C. OLCESE SPINGARDI, *La scultura e le arti applicate negli anni Venti,* si rimanda a C. DE BENEDETTI, *La stagione ligure di Arturo Martini,* Savona, 1977, pp. 87-101.

6. Si veda F. SBORGI, *Francesco Falcone e Rodolfo Castagnino,* in F. RAGAZZI (a cura di), *Cento anni di scultura a Chiavari fra '800 e '900,* Catalogo della mostra, Chiavari, 1993-1994, pp. 65-74.

7. Come risulta dal catalogo della *Seconda Mostra del Novecento Italiano al Palazzo della Permanente di Milano,* edito nel 1929 dallo Stabilimento Alfieri Lacroix p. 8, Castagnino nonostante l'invito a partecipare non aderì tuttavia all'esposizione.

Opere esposte

1. *Autoritratto*, 1925, Collezione privata

2. *Famiglia contadina*, 1926, Collezione privata

3. *Nudo*, 1927, Collezione privata

4. *Il parco*, 1928, Collezione privata

5. *Natura morta*, 1928, Collezione privata

6. *Ragazza,* 1928, Collezione privata

7. *Gli amici*, 1929, Collezione privata

8. *Ragazza con pullover a righe*, 1928 circa, Collezione privata

9. *Peonie*, 1929, Galleria d'Arte Moderna di Genova-Nervi

10. *Nello studio*, 1929, Collezione privata

11. *Giovane*, 1930 circa, Collezione privata

12. *Varigotti*, 1930, Collezione privata

13. *Natura morta*, 1930, Collezione privata

14. *Paesaggio*, 1931, Galleria d'Arte Moderna di Genova-Nervi

15. *Bimbo con anfora*, 1931, Collezione privata

16. *Paesaggio*, 1930, Collezione privata

17. *Marinaio in piedi*, 1933, Collezione privata

18. *Figura d'uomo,* 1933, Collezione privata

19. *La centrale elettrica - Vado Ligure*, 1928, Collezione privata

20. *Strada di Liguria*, 1930 circa, Collezione privata

21. *Noli,* 1930 circa, Comune di Savona

22. *Ritratto di giovane signora*, 1935, Collezione privata

23. *Autoritratto*, 1929, Collezione privata

24. *La barchetta di carta*, 1931, Collezione privata

25. *Sulla terrazza*, 1923, Galleria d'Arte Moderna di Genova-Nervi

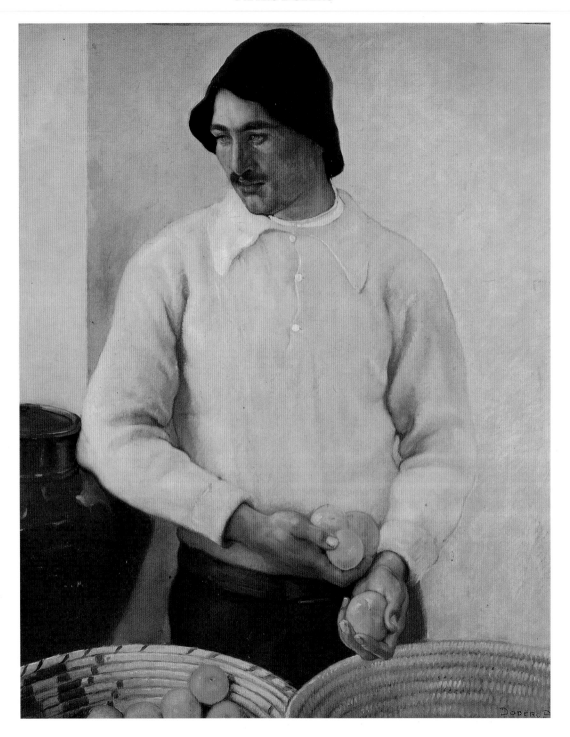

26. *Venditore d'arance*, 1924, Collezione privata

27. *Pescivendoli*, 1924 circa, Collezione privata

28. *Le due sorelle*, 1925, Collezione privata

29. *La piuma blu,* 1928 circa, Collezione privata

30. *Concerto,* 1935, Collezione privata

31. *Il riposo del contadino*, 1929, Collezione privata

32. *Sulla terrazza*, 1931, Collezione privata

33. *Contadina*, 1931, Galleria d'Arte Moderna di Genova-Nervi

34. *Cristo scompare da Emaus*, 1931, Collezione privata

35. *Contadino con la zappa*, 1932, Collezione privata

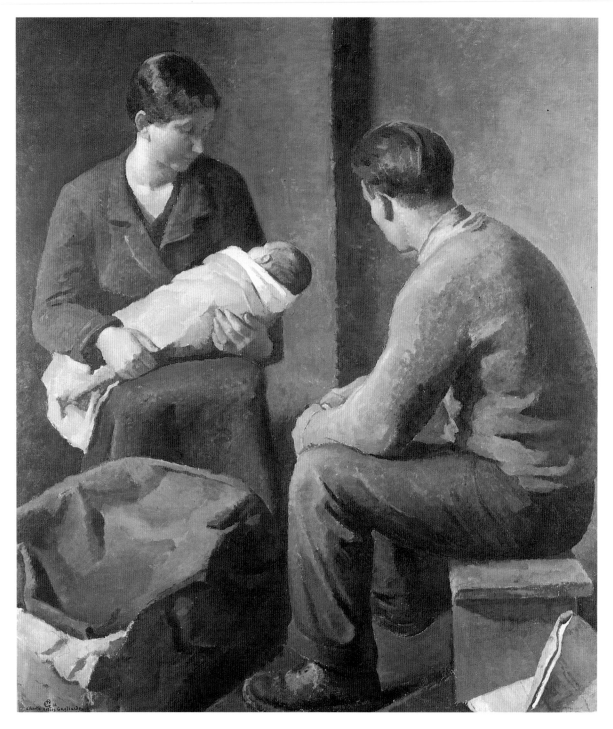

36. *La famiglia dell'operaio*, 1934, Comune di Savona

37. *Elena*, 1929, Collezione privata

38. *Ritratto del figlio dell'ing. Mongiardino*, 1930, Collezione privata

39. *Stradina a Portofino*, 1930, Collezione privata

40. *Ritratto femminile,* 1930 circa, Collezione privata

41. *Maternità*, 1933, Collezione privata

42. *Lo sposalizio* (studio), 1930 circa, Collezione privata

43. *Madonna*, 1930 circa, Collezione privata

44. *Modelli di Anticoli*, 1930 circa, Collezione privata

45. *Vecchio e conchiglie*, 1928 circa, Collezione privata

46. *Pescivendola,* 1930 circa, Collezione privata

47. *Pesci con la «La specola delle arti»*, 1930 circa, Collezione privata

48. *Venditrice di crostacei*, 1930 circa, Collezione privata

49. *Ragazza,* 1933, Collezione privata

50. *Calma argentea*, 1922, Galleria d'Arte Moderna di Genova-Nervi

51. *Case di Portofino - Novembre (Novembre secco)*, 1924, Collezione privata

52. *Villa Carnavon (Case rosse)*, 1930, Collezione privata

53. *Calma primaverile (Portofino visto da villa Valdameri)*, 1929, Collezione privata

54. *Villa Valdameri (Castello sul mare)*, 1930, Collezione privata

55. *Tetti di Portofino,* 1930, Collezione privata

56. *Le sorelle*, 1926, Collezione privata

57. *La lettura*, 1928 circa, Collezione privata

58. *Bambino con brocca,* 1938, Collezione privata

59. *Fuga in Egitto,* 1928, Collezione privata

60. *Ulivi*, 1931, Collezione privata

61. *Figura femminile in blu,* 1930 circa, Collezione privata

62. *Nudo femminile seduto*, 1930, Collezione privata

63. *La cucitrice,* 1930 circa, Collezione privata

64. *Nudo femminile di spalle*, 1930, Collezione privata

65. *Neve a Montechiaro d'Acqui*, 1926, Collezione privata

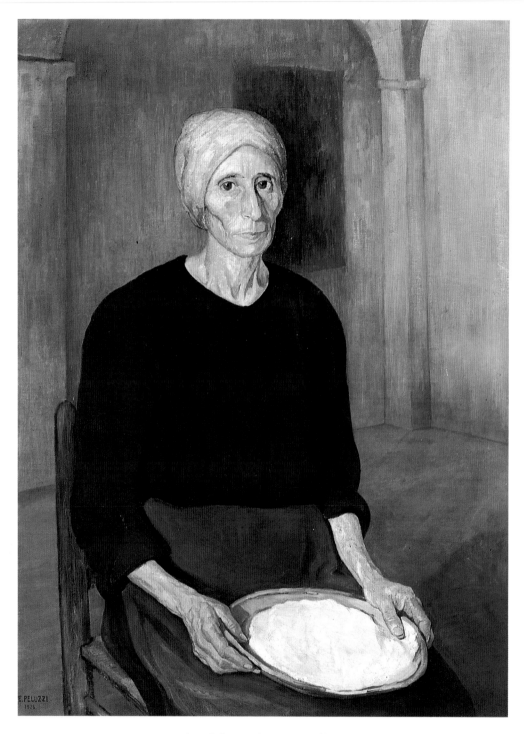

66. *Contadina delle Langhe*, 1926, Collezione privata

67. *Polenta e latte*, 1926, Collezione privata

68. *Ponte di San Bernardo*, 1928, Collezione privata

69. *Paesaggio ligure*, 1930, Collezione privata

70. *Figli di pescatori*, 1930, Collezione privata

71. *Scolari di campagna*, 1932, Collezione privata

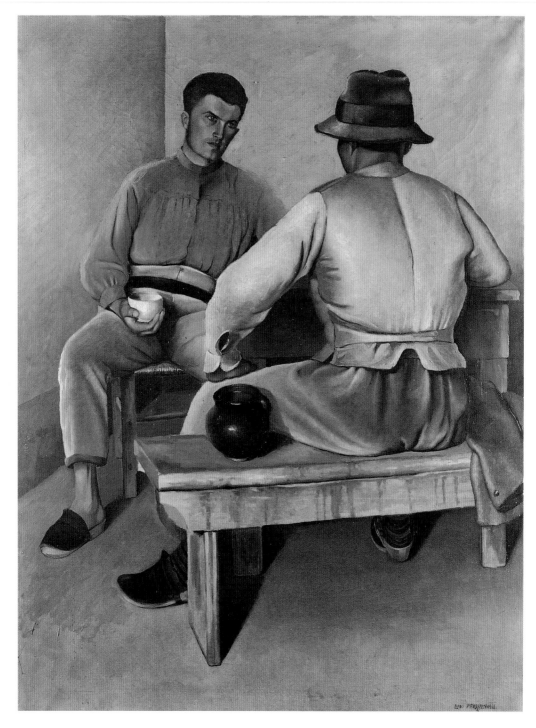

72. *Operai*, 1928 circa, Collezione privata

73. *Natura morta*, 1931, Collezione privata

74. *Contadini*, 1932, Collezione privata

75. *Paesaggio romano*, 1934 circa, Collezione privata

76. *Case di Vignanello*, 1935, Collezione privata

77. *Adamo ed Eva*, 1930, Galleria d'Arte Moderna di Genova-Nervi

78. *Case sul mare*, 1932, Galleria d'Arte Moderna di Genova-Nervi

79. *Paesaggio di periferia*, 1932, Galleria d'Arte Moderna di Genova-Nervi

80. *Le uova*, 1924, Collezione privata

81. *Il Canzoniere*, 1926, Collezione privata

82. *Natura morta con cuccuma*, 1926, Collezione privata

83. *Ritratto della sorella*, 1927, Collezione privata

84. *Arlecchino e Pulcinella*, 1928, Collezione privata

85. *Passaggio a livello (Paesaggio a Chiavari)*, 1928, Collezione privata

86. *Signorina con vela bianca*, 1930, Collezione privata

87. *Ragazzo*, 1933, Collezione privata

88. *San Gimignano*, 1926, Collezione privata

89. *L'agave*, 1931, Galleria d'Arte Moderna di Genova-Nervi

90. *Acqui,* 1932 circa, Collezione privata

91. *Il circo equestre*, 1927, Collezione privata

92. *Il mercato del bestiame*, 1927, Collezione privata

93. *Mattino d'argento - Ritratto*, 1927, Collezione privata

94. *Pagliai*, 1927, Collezione privata

95. *La ragazza sul tramvai (Bimba in tram),* 1928, Collezione privata

96. *Ritratto di Lucia Morpurgo*, 1928, Collezione privata

97. *La pittrice (ritratto di Lucia Rodocanachi)*, 1928, Collezione privata

98. *Ritratto di Guglielmo Bianchi*, 1928, Collezione privata

99. *La canzone italiana*, 1925, Collezione privata

100. *Dintorni di Chiavari*, 1925, Galleria d'Arte Moderna di Genova-Nervi

101. *La mia Ada*, 1926, Collezione privata

102. *Dintorni di Chiavari*, 1928 circa, Collezione privata

103. *Il tunnel*, 1928, Collezione privata

104. *Nudo con lo scialle cinese*, 1929, Collezione privata

105. *Vaso di fiori sulla seggiola*, 1929, Collezione privata

106. *Lydia*, 1931, Collezione privata

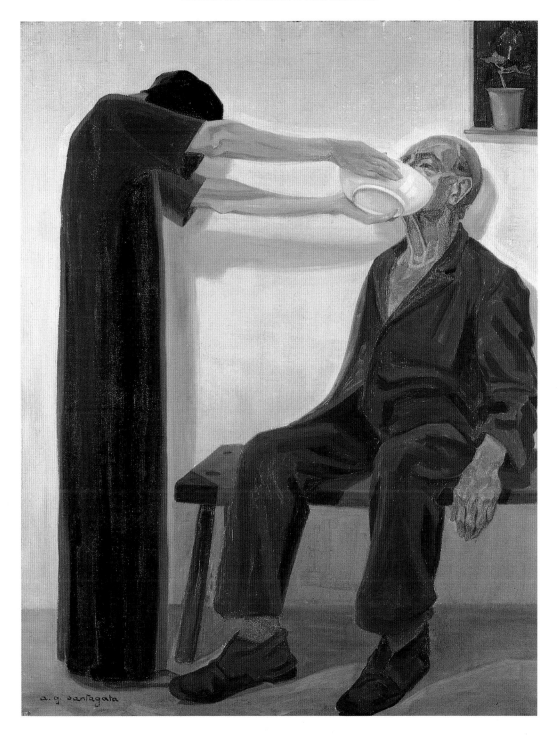

107. *Pietà*, 1922, Collezione privata

108. *Mattutino ligure,* 1923 circa, Collezione privata

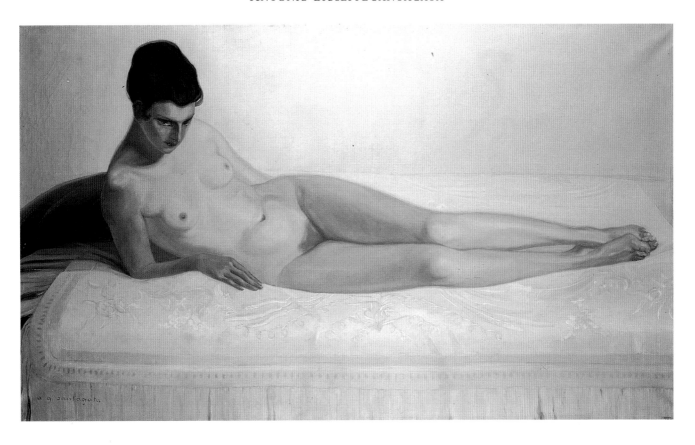

109. *Nuda sdraiata*, 1923, Collezione privata

110. *Ritorno*, 1925, Galleria d'Arte Moderna di Genova-Nervi

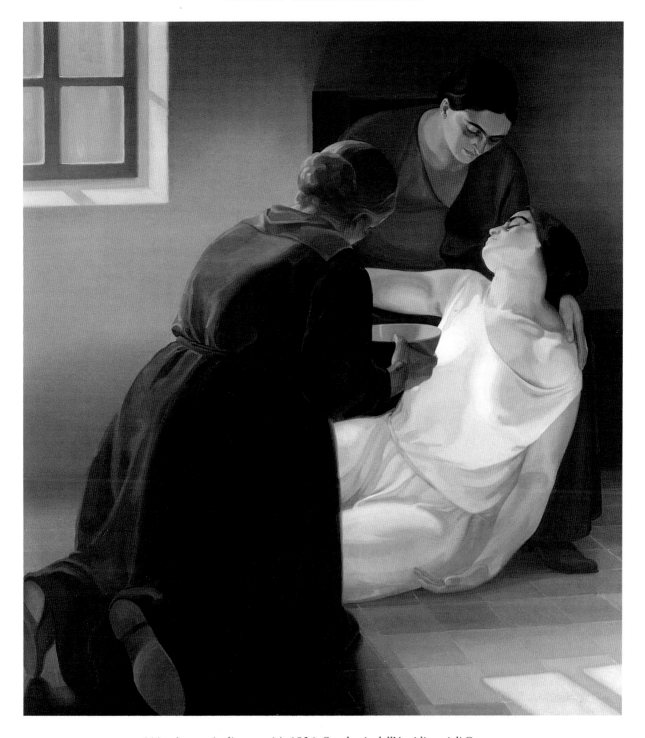

111. *Annuncio di maternità*, 1926, Quadreria dell'Arcidiocesi di Genova

112. *La madre*, 1926, Galleria d'Arte Moderna di Genova-Nervi

113. *Ritratto di Luisa Santagata*, 1929, Collezione privata

114. *Lo sciatore*, 1934, Galleria d'Arte Moderna di Genova-Nervi

115. *Uno di voi mi tradirà*, 1926, Collezione privata

116. *Il pane* (trittico, parte sinistra), 1940, Collezione privata

117. *Il pane* (trittico, parte centrale), 1940, Collezione privata

118. *Il pane* (trittico, parte destra), 1940, Collezione privata

Schede

Amighetto Amighetti

1. Autoritratto
(1925)
olio su tela - cm 123 × 105
Collezione privata

2. Famiglia contadina
(1926)
olio su tela - cm 125 × 102
Collezione privata
Esposizioni: genova,
Il Novecento, Genova, 1986

3. Nudo
(1927)
olio su tela - cm 119 × 97
Collezione privata
Esposizioni: genova,
Il Novecento, Genova, 1986

4. Il parco
(1928)
olio su tela - cm 85 × 85
Collezione privata

5. Natura morta
(1928)
olio su tela - cm 49 × 64
Collezione privata

6. Ragazza
(1928)
olio su tela - cm 66 × 50
Collezione privata

7. Gli amici
(1929)
olio su tela - cm 50 × 40
Collezione privata

Luigi Bassano

*8. Ragazza con pullover
a righe*
(1928 circa)
olio su tela - cm 76 × 51
Collezione privata

Esposizioni: Luigi Bassano
Mostra Antologica,
Galleria Rotta, Genova, 1980

9. Peonie
(1929)
olio su cartone - cm 81,5 × 72
Galleria d'Arte Moderna di
Genova Nervi
Esposizioni: Prima Mostra
d'Arte Sindacato Regionale
Fascista di Belle Arti della
Liguria, Genova, 1929
genova, Il Novecento,
Genova, 1986

10. Nello studio
(1929)
olio su tela - cm 78 × 59
Collezione privata

11. Giovane
(1930 circa)
olio su tela - cm 72 × 52
Collezione privata

12. Varigotti
(1930)
olio su cartone - cm 50 × 60
Collezione privata

13. Natura morta
(1930)
olio su tela - cm 58 × 50
Collezione privata
Esposizioni: Luigi Bassano
Mostra Antologica, Bogliasco,
1993

*14. Paesaggio
(Viottolo fra gli ulivi)*
(1931)
olio su tela - cm 50 × 59
Galleria d'Arte Moderna di
Genova Nervi

15. Bimbo con anfora
(1931)
olio su tela - cm 72 × 52
Collezione privata
Esposizioni: Seconda Mostra
d'Arte del Sindacato Regionale
Fascista di Belle Arti della
Liguria, Genova, 1931

Guglielmo Bianchi

16. Paesaggio
(1930)
olio su tela - cm 60 × 70
Collezione privata
Esposizioni: Il Mondo di
Guglielmo Bianchi - Lavagna,
1995

17. Marinaio in piedi
(1933)
olio su tela - cm 150 × 100
Collezione privata
Esposizioni: IV Mostra d'Arte
del Sindacato Interprovinciale
Fascista delle Belle Arti di
Genova, 1933
Il Mondo di Guglielmo Bianchi -
Lavagna, 1995

*18. Figura d'uomo
(Oscar Saccorotti)*
(1933)
olio su tela - cm 99 × 80
Collezione privata
Esposizioni: Prima Mostra
Interregionale del Sindacato
Nazionale Fascista di Belle
Arti, Firenze, 1933
Il Mondo di Guglielmo Bianchi -
Lavagna, 1995

Raffaele Collina

*19. La centrale elettrica -
Vado Ligure*
(1928)
olio su tavola - cm 39 × 38,5
Collezione privata

20. Strada di Liguria
(1930 circa)
olio su tela - cm 60 × 70
Collezione privata

21. Noli
(1930 circa)
olio su tavola - cm 71 × 89
Comune di Savona
Esposizioni: Raffaele Collina
Mostra Antologica Vado
Ligure, 1971

*22. Ritratto di giovane
signora*
(1935)
olio su tela - cm 93 × 63
Collezione privata

Armando Cuniolo

23. Autoritratto
(1929)
olio su tela - cm 67 × 67
Collezione privata

24. La barchetta di carta
(1931)
olio su tela - cm 80 × 60
Collezione privata
Esposizioni: Liguria & Arte.
Pittori dal 1900 al 1940,
Genova, 1994

Pietro Dodero

25. Sulla terrazza
(1923)
olio su tela - cm 200 × 180
Galleria d'Arte Moderna,
Genova
Esposizioni: XIV Esposizione
Internazionale d'Arte della
Città di Venezia, 1924
LXXII Esposizione società
per le Belle Arti, Genova, 1925
Prima Mostra Nazionale
d'Arte marinara, Roma,
1826-27

1911/1925, Genova cultura di una città, Genova, 1973
genova, Il Novecento, Genova, 1986
La pittura di paesaggio in Liguria tra Ottocento e Novecento, Genova, 1990

26. *Venditore d'arance*
(1924)
olio su tavola - cm 100 × 80
Collezione privata
Esposizioni: Mostra Internazionale d'Arte Barcellona, 1924

27. *Pescivendoli*
(1924 circa)
olio su tavola - cm 110 × 95
Collezione privata

28. *Le due sorelle*
(1925)
olio su tavola - cm 107 × 120
Collezione privata

29. *La piuma blu*
(1928 circa)
olio su tavola - cm 140 × 110
Collezione privata

30. *Concerto*
(1935)
olio su tavola - cm 125 × 120
Collezione privata
Esposizioni: Liguria & Arte. Pittori dal 1900 al 1940, Genova, 1994

Alberto Helios Gagliardo
31. *Il riposo del contadino*
(1929)
olio su tela - cm 115 × 115
Collezione privata

32. *Sulla terrazza*
(1931)
olio su tela - cm 84 × 128,5
Collezione privata

33. *Contadina*
(1931)
olio su tela - cm 130 × 74,5
Galleria d'Arte Moderna Genova

34. *Cristo scompare da Emaus*
(1931)
olio su tela - cm 120 × 138
Collezione privata Genova

35. *Contadino con la zappa*
(1932)
olio su tela - cm 135 × 99
Collezione privata
Esposizioni: Mostra personale Palazzo Rosso, Genova, 1933

36. *La famiglia dell'operaio*
(1934)
olio su tela - cm 149 × 129
Comune di Savona

Alfredo Ubaldo Gargani
37. *Elena*
(1929)
olio su tavola - cm 52 × 42
Collezione privata
Esposizioni: Liguria & Arte. Pittori dal 1900 al 1940, Genova, 1994

38. *Ritratto del figlio dell'ing. Mongiardino*
(1930)
olio su tavola - cm 72 × 46
Collezione privata
Esposizioni: genova, Il Novecento, Genova 1986

39. *Stradina a Portofino*
(1930)
olio su tavola - cm 50 × 38
Collezione privata

40. *Ritratto femminile*
(1930 circa)
olio su tavola - cm 74 × 53
Collezione privata

41. *Maternità*
(1933)
olio su tavola - cm 103 × 72
Collezione privata
Esposizioni: Prima Mostra Belle Arti Sindacato Fascista, Firenze, 1933
genova, Il Novecento, Genova, 1986

Pietro Gaudenzi
42. *Lo sposalizio (studio)*
(1930 circa)
olio su tavola - cm 65 × 143
Collezione privata

43. *Madonna*
(1930 circa)
olio su tavola - cm 60 × 48
Collezione privata

44. *Modelli di Anticoli*
(1930 circa)
olio su tavola - cm 72 × 55
Collezione privata

Cornelio Geranzani
45. *Vecchio e conchiglie*
(1928 circa)
olio su tela - cm 123 × 105
Collezione privata

46. *Pescivendola*
(1930 circa)
olio su tela - cm 130 × 113
Collezione privata

47. *Pesci con «La specola delle arti»*
(1930 circa)
olio su tela - cm 44 × 40
Collezione privata
Esposizioni: genova, Il Novecento, Genova 1986

48. *Venditrice di crostacei*
(1930 circa)
olio su tela - cm 112 × 86
Collezione privata

49. *Ragazza*
(1933)
olio su tela - cm 74 × 59
Collezione privata
Esposizioni: genova, Il Novecento, Genova 1986

Domenico Guerello
50. *Calma argentea*
(1922)
olio su tela - cm 157 × 108
Galleria d'Arte Moderna di Genova Nervi

Esposizioni: LXIX Esposizione Società Promotrice di Belle Arti, Genova, 1923
Postuma di Domenico Guerello, Palazzo dell'Accademia di Genova, 1954
1911-1925 Genova, Cultura di una città, Genova, 1973
La Pittura di Paesaggio in Liguria tra Ottocento e Novecento, Genova, 1990
Guerello, Palazzo dell'Accademia, Genova, 1985

51. *Case di Portofino - Novembre (novembre secco)*
1924
olio su tela - cm 43 × 61
Collezione privata
Esposizioni: LXXI Esposizione Società Promotrice di Belle Arti di Genova, 1925
II Esposizione Internazionale di Fiume, 1927
Esposizione Società Amatori e cultori d'arte, Roma, 1927
Guerello, Palazzo dell'Accademia, Genova, 1985

52. *Villa Carnavon (Case rosse)*
(1929)
olio su tela - cm 54 × 61
Collezione privata
Esposizioni: Mostra Retrospettiva delle opere di Domenico Guerello in LXXIX Mostra della Società per le Belle Arti, Genova, 1932
Guerello, Palazzo dell'Accademia, Genova, 1985

53. *Calma primaverile (Portofino visto da Villa Valdameri)*
(1929)
olio su tela - cm 54 × 61
Collezione privata
Esposizioni: Mostra Retrospettiva delle opere di Domenico Guerello in LXXIX Mostra della Società per le Belle Arti, Genova, 1932

54. Villa Valdameri (Castello sul mare)
(1930)
olio su tela - cm 61 × 53
Collezione privata
Esposizioni: Mostra Retrospettiva delle opere di Domenico Guerello in LXXIX Mostra della Società per le Belle Arti, Genova, 1932 Guerello, Palazzo dell'Accademia, Genova, 1985

55. Tetti di Portofino
(1930)
olio su tela - cm 53 × 62
Collezione privata
Esposizioni: Mostra Retrospettiva delle opere di Domenico Guerello in LXXIX Mostra della Società per le Belle Arti, Genova, 1932 Guerello, Palazzo dell'Accademia, Genova, 1985

Evasio Montanella
56. Le sorelle
(1926)
olio su tela - cm 106 × 171
Collezione privata

57. La lettura
(1928 circa)
olio su tavola - cm 86 × 76
Collezione privata

58. Bambino con brocca
(1938)
olio su tela - cm 75 × 60
Collezione privata
Esposizioni: III Quadriennale d'Arte Nazionale, Roma, 1939

Arthur Neill
59. Fuga in Egitto
(1928)
olio su tavola - cm 122 × 91
Collezione privata

60. Ulivi
(1931)
olio su cartone - cm 47 × 42
Esposizioni: LXXIX Mostra della Società delle Belle Arti di Genova, 1932

Giovanni Patrone
61. Figura femminile in blu
(1930 circa)
olio su tela - cm 73 × 50
Collezione privata

62. Nudo femminile seduto
(1930)
olio su tela - cm 80 × 63
Collezione privata
Esposizioni: Mostra postuma di Giovanni Patrone, Galleria Arte Casa, Genova, 1994

63. La cucitrice
(1930 circa)
olio su tela - cm 81 × 70
Collezione privata
Esposizioni: Liguria & Arte. Pittori da 1900 al 1940, Genova, 1994

64. Nudo femminile di spalle
(1930)
olio su tela - cm 75 × 55
Collezione privata
Esposizioni: Mostra postuma di Giovanni Patrone, Galleria Arte Casa, Genova, 1994

Eso Peluzzi
65. Neve a Montechiaro d'Acqui
(1926)
olio su tela - cm 83 × 75
Collezione privata
Esposizioni: Eso Peluzzi Comune di Acqui Terme (AL), 1990
Eso Peluzzi, Comune di Barolo (CN), 1994

66. Contadina delle Langhe
(1926)
olio su tela - cm 100 × 75
Collezione privata
Esposizioni: XV Esposizione Internazionale d'Arte della Città di Venezia, 1926
Eso Peluzzi, Comune di Barolo (CN), 1994

67. Polenta e latte
(1926)
olio su tavola - cm 47 × 61,5
Collezione privata
Esposizioni: Torino fra le due guerre - Le arti figurative, Galleria Civica d'Arte Moderna, Torino, 1978
Eso Peluzzi, Comune di Barolo (CN), 1994

68. Ponte di San Bernardo
(1928)
olio su tela - cm 69 × 82
Collezione privata

69. Paesaggio ligure
(1930)
olio su tavola - cm 44 × 52
Collezione privata

70. Figli di pescatori
(1930)
olio su tela - cm 91 × 71
Collezione privata
Esposizioni: Prima Quadriennale d'Arte Nazionale Roma, 1931
genova, Il Novecento, Genova, 1986

71. Scolari di campagna
(1932)
olio su tela - cm 127 × 90
Collezione privata
Esposizioni: Eso Peluzzi Mostra Antologica, Municipio di Savona, 1953
Arte Moderna in Italia 1915/1935, Firenze, 1967
Torino fra le due guerre - Le arti figurative, Galleria Civica d'Arte Moderna, Torino, 1978
Il Novecento Italiano 1923/1933, Palazzo della Permanente, Milano, 1983
Eso Peluzzi, Comune di Barolo (CN), 1994

Lino Perissinotti
72. Operai
(1928 circa)
olio su tela - cm 160 × 120
Collezione privata
Esposizioni: Mostra regionale d'Arte pura e decorativa, Vicenza, 1929

Mostra personale di Lino Perissinotti, Villa Ravenna, Chiavari, 1967
Perissinotti, Dipinti e disegni 1913-1967, Accademia Ligustica di Genova, 1977
Il Novecento Italiano 1923/1933, Palazzo della Permanente, Milano, 1983

73. Natura morta
(1931)
olio su tela - cm 59,5 × 70
Collezione privata
Esposizioni: Perissinotti, Dipinti e disegni 1913-1967, Accademia Ligustica di Genova, 1977

74. Contadini
(1932)
olio su tavola - cm 132 × 102
Collezione privata
Esposizioni: Mostra d'Arte triveneta, Padova, 1932
Perissinotti, Dipinti e disegni 1913-1967, Accademia Ligustica di Genova, 1977

75. Paesaggio romano
olio su cartone - cm 46 × 55
Collezione privata

76. Case di Vignanello
(1935)
olio su tavola - cm 61 × 61
Collezione privata
Esposizioni: XX Esposizione Biennale Internazionale d'Arte, Venezia, 1936

Giacomo Picollo
77. Adamo ed Eva
(1930)
olio su tela - cm 100 × 90
Galleria d'Arte Moderna di Genova Nervi

78. Case sul mare
(1932)
olio su tela - cm 50 × 61
Galleria d'Arte Moderna di Genova Nervi

79. Paesaggio di periferia
(1932)
olio su tela - cm 59 × 69
Galleria d'Arte Moderna di Genova Nervi

Emanuele Rambaldi

80. Le uova
(1924)
olio su tela - cm 42 × 48
Collezione privata

81. Il Canzoniere
(1926)
olio su tela - cm 98 × 84
Collezione privata

82. Natura morta con cuccuma
(1926)
olio su tavola - cm 41,5 × 50
Collezione privata
Esposizioni: Mostra di Emanuele Rambaldi, Accademia Ligustica di Genova, 1972

83. Ritratto della sorella
(1927)
olio su tela - cm 108 × 88
Collezione privata

84. Arlecchino e Pulcinella
(1928)
olio su tela - cm 110 × 90
Collezione privata
Esposizioni: Mostra di Emanuele Rambaldi, Accademia Ligustica di Genova, 1972

85. Passaggio a livello (Paesaggio a Chiavari)
(1928)
olio su tela - cm 74 × 90
Collezione privata
Esposizioni: XVI Esposizione Internazionale d'Arte della Città di Venezia, 1928
Liguria & Arte. Pittori dal 1900 al 1940, Genova, 1994

86. Signorina con vela bianca
(1930)
olio su tavola - cm 60 × 50
Collezione privata

87. Ragazzo
(1933)
olio su tela - cm 110 × 60
Collezione privata

Paolo Stamaty Rodocanachi

88. San Gimignano
(1926)
olio su cartone - cm 40 × 45
Collezione privata

89. L'agave
(1931)
olio su cartone - cm 60 × 50
Galleria d'Arte Moderna di Genova Nervi
Esposizioni: Paolo Stamaty Rodocanachi, Accademia Ligustica di Genova, 1977

90. Acqui
(1932 circa)
olio su tela - cm 75 × 60
Collezione privata Genova
Esposizioni: Paolo Stamaty Rodocanachi, Accademia Ligustica di Genova, 1977

Oscar Saccorotti

91. Il circo equestre
(1927)
olio su tela - cm 120 × 95
Collezione privata
Esposizioni: Liguria & Arte. Pittori dal 1900 al 1940, Genova, 1994
Il laboratorio fantastico di Oscar Saccorotti, Museo d'Arte Contemporanea di Genova, 1994

92. Il mercato del bestiame
(1927)
olio su tela - cm 95 × 125
Collezione privata
Esposizioni: Oscar Saccorotti Accademia Ligustica, Genova, 1989
Oscar Saccorotti, Palazzo Bagatti Valsecchi, Milano, 1989

Il laboratorio fantastico di Oscar Saccorotti, Museo d'Arte Contemporanea di Genova, 1994

93. Mattino d'argento (Ritratto)
(1927)
olio su tela - cm 137 × 107
Collezione privata
Esposizioni: LXXV Esposizione Società per le Belle Arti, Genova, 1927
Oscar Saccorotti, Accademia Ligustica, Genova, 1989
Oscar Saccorotti, Palazzo Bagatti Valsecchi, Milano, 1989
Il laboratorio fantastico di Oscar Saccorotti, Museo d'Arte Contemporanea di Genova, 1994

94. Pagliai
(1927)
olio su tela - cm 85 × 58
Collezione privata

95. La ragazza sul tramvai (Bimba in tram)
(1928)
olio su tela - cm 100 × 65
Collezione privata
Esposizioni: Il Novecento Italiano, Palazzo della Permanente, Milano, 1929
Oscar Saccorotti, Accademia Ligustica, Genova, 1989
Oscar Saccorotti, Palazzo Bagatti Valsecchi, Milano, 1989
Il laboratorio fantastico di Oscar Saccorotti, Museo d'Arte Contemporanea di Genova, 1994

96. Ritratto di Lucia Morpurgo
(1928)
olio su tela - cm 90 × 60
Collezione privata
Esposizioni: Oscar Saccorotti, Accademia Ligustica, Genova, 1989
Oscar Saccorotti, Palazzo Bagatti Valsecchi, Milano, 1989

Il laboratorio fantastico di Oscar Saccorotti, Museo d'Arte Contemporanea di Genova, 1994

97. La pittrice (ritratto di Lucia Rodocanachi)
(1928)
olio su tela - cm 100 × 66
Collezione privata
Esposizioni: Oscar Saccorotti, Accademia Ligustica, Genova, 1989
Oscar Saccorotti, Palazzo Bagatti Valsecchi, Milano, 1989

98. Ritratto di Guglielmo Bianchi
(1928)
olio su tela - cm 115 × 80
Collezione privata
Esposizioni: Il Mondo di Guglielmo Bianchi - Lavagna, 1995

Alberto Salietti

99. La canzone italiana
(1925)
olio su tavola - cm 90 × 75
Collezione privata

100. Dintorni di Chiavari (1925)
olio su tavola - cm 40 × 49
Galleria d'Arte Moderna di Genova Nervi

101. La mia Ada
(1926)
olio su tavola - cm 90 × 70
Collezione privata

102. Dintorni di Chiavari
(1928 circa)
olio su tavola - cm 50 × 60
Collezione privata
Esposizioni: Liguria & Arte. Pittori dal 1900 al 1940, Genova, 1994

103. Il Tunnel
(1928)
olio su tela - cm 75 × 90
Collezione privata

104. Nudo con lo scialle cinese
(1929)
olio su tavola - cm 90 × 75
Collezione privata
Esposizioni: Mostra commemorativa di Alberto Salietti, Palazzo della Permanente, Milano, 1964

105. Vaso di fiori sulla seggiola
(1929)
olio su tela - cm 90 × 75
Collezione privata

106. Lydia
(1931)
olio su tavola - cm 90 × 70
Collezione privata

Antonio Giuseppe Santagata

107. Pietà
(1922)
olio su tela - cm 151 × 118
Collezione privata
Esposizioni: LXVII Esposizione di Belle Arti di Genova, 1922
Antonio Giuseppe Santagata Palazzo Comunale di Recco, 1989

108. Mattutino ligure
(1923 circa)
olio su tela - cm 109 × 100
Collezione privata

109. Nuda sdraiata
(1923)
olio su tela - cm 87 × 200
Collezione privata
Esposizioni: LXIX Esposizione di Belle Arti, Genova, 1923

110. Ritorno
(1925)
olio su tela - cm 130 × 110
Galleria d'Arte Moderna di Genova Nervi

111. Annuncio di maternità
(1926)
olio su tela - cm 155 × 140
Quadreria dell'Arcidiocesi di Genova
Esposizioni: XV Esposizione Internazionale d'Arte della Città di Venezia, 1926
Antonio Giuseppe Santagata, Palazzo Comunale di Recco, 1989

112. La madre
(1926)
olio su tela - cm 178 × 136
Galleria d'Arte Moderna di Genova Nervi
Esposizioni: Il Novecento Italiano, Palazzo della Permanente, Milano, 1926

113. Ritratto di Luisa Santagata
(1929)
olio su tela - cm 100 × 75
Collezione privata
Esposizioni: Prima Mostra d'Arte Sindacato Regionale Fascista Belle Arti della Liguria, Genova, 1929
genova, Il Novecento, Genova, 1986
Antonio Giuseppe Santagata, Palazzo Comunale di Recco, 1989

114. Lo sciatore (Avanguardista sciatore)
(1934)
olio su tela - cm 210 × 145
Galleria d'Arte Moderna di Genova Nervi
Esposizioni: XIV Esposizione Biennale Internazionale d'Arte di Venezia, 1934

Adelina Zandrino

115. Uno di voi mi tradirà
(1926)
olio su tavola - cm 66 × 70
Collezione privata

116. Il Pane (trittico, parte sinistra)
(1940)
olio su tavola - cm 212 × 150
Collezione privata
Esposizioni: Premio Cremona, 1940

117. Il Pane (trittico, parte centrale)
(1940)
olio su tavola - cm 212 × 150
Collezione privata
Esposizioni: Premio Cremona, 1940

118. Il Pane (trittico, parte destra)
(1940)
olio su tavola - cm 212 × 150
Collezione privata
Esposizioni: Premio Cremona, 1940

Biografie

Autoritratto, 1925

Amighetto Amighetti

Genova 1902 - Firenze 1930

Sotto la guida dell'Agrifoglio, studia all'Accademia Ligustica di Belle Arti di Genova e più tardi è tra gli allievi di Felice Carena a Firenze.
Dal 1924 al 1929 è presente alle mostre della Società Promotrice di Belle Arti di Genova.
La prima personale, del 1926, si tiene presso la Galleria Bardi di Milano. L'anno successivo Amighetti espone nella stessa città alla Galleria Micheli e, nel 1928, partecipa alla Biennale Internazionale d'Arte della città di Venezia.
La sua opera s'inserisce pienamente all'interno della corrente del Novecento italiano, distinguendosi grazie ad una tecnica pittorica personale ed innovativa, i cui ca-

ratteri sono già pienamente delineati nonostante la giovane età dell'artista.
Egli si concentra sulla figura umana, sebbene non siano alieni dalla sua produzione numerosi suggestivi paesaggi.
La tecnica d'avanguardia che lo porta ad essere al centro di giudizi negativi da parte dei critici genovesi a lui contemporanei, ha tuttavia contribuito ad imprimere nell'ambito pittorico ligustico una spinta in senso moderno. Sue opere sono presenti nella Galleria d'Arte Moderna di Genova.

G. PAGANELLI, T. PELIZZA, *Liguria & Arte. Pittori dal 1900 al 1940,* Catalogo della mostra, Sagep, Genova, 1994.

Autoritratto, 1932

Luigi Bassano

Genova 1900 - 1990

Nel 1920 inizia gli studi artistici all'Accademia Ligusti-

ca di Belle Arti di Genova. Nel 1928 presenta la sua prima personale alla Galleria Valle a Genova, dove viene indicato dal critico P.M. Bardi come uno dei «migliori pittori liguri moderni»; in questa sede compaiono già tre soggetti che rimarranno costanti all'interno della sua produzione: ritratto, paesaggio e natura morta.
Più tardi espone alle Promotrici di Torino, alle Quadriennali romane e alla torinese, all'internazionale di Firenze.
Dal 1930 si dedica all'insegnamento presso il Liceo Artistico «Nicolò Barabino», professione che lo occuperà per molti anni; l'anno successivo si segnala la sua adesione al «Gruppo ligure del Novecento» al quale aderiscono eminenti personalità artistiche quali: A. Martini, F. Messina, A. Salietti, O. Saccorotti, P.S. Rodocanachi, ed altri ancora. Egli è attratto dalla corrente novecentista intesa come mezzo di superamento del «manierismo e sentimentalismo» in cui era scaduta la pittura.
Segnalato tra gli innovatori dell'arte ligure, come lo definisce Attilio Podestà, non abbandona mai il dato reale utilizzato come punto di partenza per la creazione di

composizioni in cui spiccano gli elementi cromatici e luminosi, risolti attraverso l'impiego di un colore corposo e di una tecnica incisiva.

P. RAIMONDI, *L. Bassano,* Genova, 1977.
G. BERINGHELI, G. BASSANO, *L. Bassano,* Bogliasco, 1993.

Autoritratto, 1933

Guglielmo Bianchi

Lavagna 1899 - 1966

Laureatosi in giurisprudenza all'Università di Urbino divide la sua residenza fra Lavagna e Genova dedicandosi in modo particolare alla letteratura e alla poesia.
Stringe forti rapporti di amicizia, oltre che con i poeti di «Circoli», di cui è il principale finanziatore, anche con altri letterati come Carlo Bo, Salvatore Quasimodo, Gio-

vanni Descalzo, Umberto Saba.

Le sue prime esperienze pittoriche risalgono alla fine degli anni '20. In questo periodo nascono i suoi strettissimi legami di amicizia con alcuni artisti liguri: Oscar Saccorotti, il fratello Fausto, gli scultori Arturo Martini e Francesco Messina, i pittori Giovanni Solari, Eso Peluzzi, Emanuele Rambaldi, Alberto Salietti, Leo Lionni, Paolo Stamaty Rodocanachi e con la moglie Lucia, animatrice di un raffinato salotto letterario, a cui sarà legato da una affettuosa amicizia e da un lungo rapporto epistolare.

Dal 1930 approfondisce i suoi studi artistici attraverso lunghi soggiorni parigini. La sua pittura, ancora incerta e influenzata dall'adesione al gusto di Novecento muta sostanzialmente, si arricchisce di vigore espressionista e di personalità.

Gli anni fra il 1930 e il 1935 sono quelli della maggiore e migliore intensità creativa. È presente a diverse Esposizioni Sindacali genovesi.

Nel 1931 allestisce la sua prima personale con Rambaldi e Saccorotti nella mostra *3 pittori moderni* presso la Galleria Valle di Genova; è presente alla Seconda Quadriennale d'Arte di Roma del 1935.

Nel 1933 presenta una sua personale alla Galerie Vignon di Parigi.

Il suo impegno nella pittura ufficiale si interrompe, nel 1936, in occasione della XX Biennale veneziana alla quale viene invitato ma da cui poi verrà escluso.

Il Mondo di Guglielmo Bianchi. Arte e poesia fra Lavagna, Parigi, Buenos Aires, Catalogo della mostra, Sagep, Genova, 1995.
W. GEORGE, *Bianchi,* Éditions des Chroniques du Jour, Paris, s.d. (ma 1933).

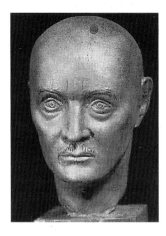

Ritratto di M. Nencioni, 1950 circa

Raffaele Collina

Faenza 1899 - Campoligure 1968

Dopo avere compiuto gli studi all'Istituto Aldini, si diploma all'Accademia d'Arte di Bologna.

Nel 1916 si trasferisce a Vado Ligure e più tardi frequenta l'Accademia Ligustica di Genova entrando in contatto con Arturo Martini, con il quale stringe una forte amicizia. Martini diventerà, insieme a Felice Carena, suo maestro ideale. Collina partecipa con grazia e serietà al recupero dei valori plastici e monumentali degli anni Venti, verso una riscoperta dell'uomo, come rivela la sua capacità d'indagine della struttura plastica del corpo umano, priva però di celebrazione. Prende parte alle Biennali di Venezia, alle Quadriennali

romane e a molte edizioni della Promotrice genovese. Il pittore indaga paesaggi e figure utilizzando un esile impianto disegnativo sul quale s'innesta il colore, morbido e soffuso, steso mediante pennellate veloci ed irregolari.

Raffaele Collina, mostra antologica, Vado Ligure, 1971.
G. PAGANELLI, T. PELIZZA, *Liguria & Arte. Pittori dal 1900 al 1940,* Catalogo della mostra, Sagep, Genova, 1994.

Autoritratto, 1929

Armando Cuniolo

Genova 1900 - Milano 1955

Si diploma all'Accademia di Belle Arti di Genova, dopo un iniziale lavoro come disegnatore.

Partecipa alle Promotrici genovesi dove espone ripetutamente, alle Provinciali, alle Sindacali liguri e alle Quadriennali romane; organizza inoltre alcune personali a Milano, Genova, Venezia e Brescia.

Dopo un soggiorno in Svizzera si stabilisce a Milano dove, oltre alle tematiche naturalistiche (nature morte, paesaggi), si dedica assiduamente al soggetto che rimarrà costante nella sua produzione: le ballerine.

Partendo da una visione post-impressionista la sua pittura si evolve nell'esperienza di contatto con la corrente del Novecento, che conduce l'artista ad una accentuazione dei valori volumetrici e costruttivi del dipinto, così come si riscontra nella produzione di ritratti eseguiti alla fine degli anni Venti.

In seguito Cuniolo approda ad una elaborazione del cubismo contraddistinta da un disegno secco e incisivo, da colori accesi e brillanti carichi di drammatica violenza.

Sperimenta varie tecniche: dall'olio alla tempera, dall'acquerello al pastello, dal cromotipo alla litografia, dalla scultura agli smalti.

Si occupa anche di soluzioni scenografiche per rappresentazioni teatrali e di calcografia.

G. PAGANELLI, T. PELIZZA, *Liguria & Arte. Pittori dal 1900 al 1940,* Catalogo della mostra, Sagep, Genova, 1994.

Autoritratto, 1944

Pietro Dodero

Genova 1882 - 1967

Inizia gli studi frequentando i corsi di disegno e pittura presso l'Accademia Ligustica di Belle Arti di Genova sotto la guida di Cesare Viazzi. Successivamente si perfeziona all'Albertina di Torino e all'Accademia di Belle Arti di Monaco di Baviera con Franz Von Stuck.

Il suo esordio avviene nel 1907 alla Promotrice genovese, dove sarà presente in seguito altre volte.

Espone ripetutamente alle Biennali di Venezia, alle Quadriennali di Roma e alla Permanente di Milano. Realizza molte personali in Italia e all'estero; si dedica inoltre per molti anni all'insegnamento presso il Liceo Artistico «Nicolò Barabino».

Realizza alcuni dipinti di figura di grandi dimensioni in cui elabora in maniera personale le diverse esperienze culturali europee alla luce delle nuove istanze novecentiste che il pittore va raccogliendo e sperimentando nel corso degli anni Venti.

Esegue inoltre ritratti, affreschi nel mausoleo del conte Matarazzo a San Paolo del Brasile e in diverse chiese genovesi, e decora a mosaico la cappella dell'Ospedale G. Gaslini a Genova.

Si dedica inoltre alla xilografia e all'illustrazione.

M.F. GIUBILEI (a cura di), *La pittura di paesaggio in Liguria tra Otto e Novecento,* Edizioni Costa e Nolan, Genova, 1990.

G. PAGANELLI, T. PELIZZA, *Liguria & Arte. Pittori dal 1900 al 1940,* Catalogo della mostra, Sagep, Genova, 1994.

Autoritratto, 1940 circa

Alberto Helios Gagliardo

Genova 1893 - 1987

Tra il 1990 e il 1912 frequenta l'Accademia Ligustica di Belle Arti di Genova come allievo di T. Quinzio. Il suo esordio ufficiale avviene nel 1913 alla Società di Belle Arti dove espone fino al 1959; del 1922 è la sua prima personale.

Inizia nel 1923 la sua attività di incisore che lo vede autore di acqueforti dal notevole valore. Numerose sono le tematiche che affronta: paesaggi, ritratti, soggetti mitologici, letterari, religiosi e bellici.

Passa da una prima formazione accademica attraverso divisionismo e simbolismo, per avviarsi poi verso una ricerca pittorica di tendenza più realista, tesa al recupero di tematiche tonali e di valori di plasticità, istanze che trovano espressione nel momento in cui egli entra in contatto con il Novecento Italiano.

Dal 1939 è docente del corso di nudo e della scuola d'incisione e xilografia all'Accademia Ligustica.

Partecipa a tutte le maggiori mostre nazionali e internazionali: Monza, Roma, Venezia, Parigi, Lisbona.

V. ROCCHIERO, *Alberto Helios Gagliardo, Tavolozza Europea,* Genova, 1976.

M.F. GIUBILEI (a cura di), *La pittura di paesaggio in Liguria tra Otto e Novecento,* Edizioni Costa e Nolan, Genova, 1990.

Autoritratto, 1922

Alfredo Ubaldo Gargani

Genova 1898 - 1947

Prima di frequentare i corsi tenuti da T. Quinzio all'Accademia Ligustica di Belle Arti di Genova, si dedica per qualche tempo agli studi letterari che gli consentiranno in futuro di scrivere articoli per varie riviste d'arte.

Esordisce alla mostra della Promotrice di Belle Arti di Genova nel 1916 dove sarà in seguito sempre presente.

Si segnala la sua presenza a molte mostre nazionali; partecipa al Premio Bergamo; mostre personali vengono allestite a Genova, Milano e in altre città italiane.

Da una tecnica di matrice post-impressionista passa, nel 1918, al divisionismo. Quando, nel corso degli anni Venti, approda alla corrente del Novecento, concentra la propria attenzione sulla figura umana, affrontando con fine spirito d'indagine psicologica la tematica del ritratto, che dipinge usando una personalissima tecnica coloristica, caratterizzata da una tavolozza all'interno della quale sono predominanti i toni rosati.

Alfredo Ubaldo Gargani, Collana Euro Romano, Genova, 1943.

G. PAGANELLI, T. PELIZZA, *Liguria & Arte. Pittori dal 1900 al 1940,* Catalogo della mostra, Sagep, Genova, 1994.

Autoritratto, 1930 circa

Pietro Gaudenzi

Genova 1880
Anticoli Corrado 1955

Compie gli studi presso l'Accademia Ligustica di Belle Arti di Genova come allievo di Cesare Viazzi; nel 1903 amplia la sua formazione con un soggiorno quadriennale a Roma.

Nel 1913 è a Monaco di Baviera dove risente delle influenze seccessioniste che mitigano la sua impostazione classica.

Sulla meditazione dei capolavori della tradizione pittorica italiana, innesta la propria ricerca innovativa, aggiornandosi sulle suggestioni provenienti dalla corrente del Novecento, della quale è possibile cogliere i riflessi, oltre che nell'impianto compositivo, anche nella tecnica pittorica, contraddistinta da un colore materico e corposo.

Nel 1931 allestisce una mostra antologica alla Galleria di Lino Pesaro a Milano; la stessa fu inoltre replicata a Genova a Palazzo Ducale; più tardi organizza molte personali a Genova, e in altre città italiane ed estere.

Nel 1935 il pittore si avvicina alla pittura murale ad affresco e al mosaico, pur non mettendo da parte la pittura a olio e il pastello, tecnica quest'ultima nella quale dimostra notevole abilità.

Omaggio a Pietro Gaudenzi, Galleria d'Arte Il Vicolo, Genova, 1977.

G. PAGANELLI, T. PELIZZA, *Liguria & Arte. Pittori dal 1900 al 1940,* Catalogo della mostra, Sagep, Genova, 1994.

Ritratto fotografico

Cornelio Geranzani

Genova 1880 - 1955

Frequenta l'Accademia Ligustica di Belle Arti sotto la guida di G. Quinzio. Nel 1927 è nominato Accademico di merito alla Ligustica.

Studioso di ogni problema tecnico e cromatico è anche sperimentatore di nuove forme espressive. Sono noti i suoi studi sulle diverse fonti luminose.

Esordisce come puntinista, trattando il tema e i soggetti della pittura con originalità apportando a tale procedimento un personale contributo; successivamente, accostandosi alla poetica del Novecento, disciplina la propria tecnica impostando la costruzione delle immagini su linee essenziali e gamme tonali ridotte, accentuando la solidità delle masse volumetriche delle figure poste contro spogli fondali neutri.

Approda, infine, a rappresentazioni di paesaggi connotate da una forte componente spirituale, a rappresentazioni crepuscolari di grande impatto.

Le più importanti tappe della sua carriera espositiva sono rappresentate da mostre nazionali e internazionali: Genova, Padova, Venezia, Milano, Roma, Londra, Glasgow e Losanna; e dalle sue personali più importanti nelle città di Milano, Genova e Roma, presentate dai critici Nebbia, Grosso, Cominetti.

E. BERTONATI, *Genova tra simbolismo e divisionismo,* Catalogo della mostra, Galleria del Levante, Milano, 1978.

AA.VV., *Divisionismo italiano,* Catalogo della mostra, Trento, 1990.

Autoritratto, 1915 circa

Domenico Guerello

Portofino 1891 - 1931

Dopo essersi dedicato agli studi classici, frequenta dal 1912 al 1916, l'Accademia Ligustica di Belle Arti di Genova, si specializza in seguito alla scuola di nudo con T. Quinzio.

L'amicizia con A.H. Gagliardo e l'incontro con il pittore e critico P. De Gaufridy, indirizzano l'artista verso le problematiche della tecnica divisionista.

Personalità schiva, non partecipa al dibattito artistico in corso nel capoluogo in quegli stessi anni, ma è comunque aggiornato sulle novità culturali europee. Espone in alcune edizioni delle mostre della società di Belle Arti genovese, alle Biennali di Venezia, nonché a diverse manifestazioni artistiche di carattere nazionale (Fiume, Roma, Genova). Ordina una personale alla galleria Micheli di Milano.

La sua produzione comprende studi sulla figura umana e ritratti, ma essa è principalmente volta alla rappresentazione di paesaggi di forte impatto e suggestione, contraddistinti da una peculiare sensibilità cromatica e luministica.

A cavallo degli anni Venti egli realizza dipinti strettamente connessi con le poetiche del Novecento, particolarmente affini alla visione proposta da Casorati, in cui le figure, caratterizzate da una riacquistata plasticità, si fondono con l'ambiente naturale.

G. BRUNO, *Domenico Guerello,* Stringa Editore, Genova, 1984.

M.F GIUBILEI (a cura di), *La pittura di paesaggio in Liguria tra Otto e Novecento,* Edizioni Costa e Nolan, Genova, 1990.

Autoritratto, 1925

Evasio Montanella

Genova 1878 - 1940

All'inizio del secolo frequenta i corsi di Cesare Viazzi all'Accademia Ligustica di Belle Arti di Genova dove conosce Pietro Gaudenzi, al quale rimarrà legato da profonda amicizia per tutta la vita.
È molte volte presente alle esposizioni della Promotrice genovese e, nel 1929, presentato da Adriano Grande, ordina una mostra personale.
Partecipa inoltre alle mostre Provinciali e Interprovinciali di Genova, alle Quadriennali romane e alla Permanente di Milano.
Lontano dal circuito internazionale, opera nella nativa Prà, luogo che ispira la sua pittura, volta a fissare sulla tela, con tecnica immediata, i paesaggi e la semplice vita della gente di mare; inoltre, la produzione di dipinti in cui sono ritratte figure in interni, ci rivela con evidenza la sua adesione alle tematiche e alla poetica del Novecento, della quale presenta i caratteri peculiari.

Le sue opere sono contraddistinte da un colore materico e corposo, steso mediante pennellate decise e costruttive.

G. Paganelli, T. Pelizza, *Evasio Montanella - Giovanni Patrone,* mostre postume, Genova, 1994.
G. Paganelli, T. Pelizza, *Liguria & Arte. Pittori dal 1900 al 1940,* Catalogo della mostra, Sagep, Genova, 1994.

Ritratto fotografico

Arthur Neill

Genova 1905 - Recco 1966

Studia all'Accademia Ligustica di Belle Arti di Genova e più tardi è accolto tra gli allievi di Felice Carena a Firenze, dove si perfeziona.
A cavallo tra gli anni Venti e Trenta, si accosta alla poetica del Novecento, interpretandone felicemente alcune delle tematiche caratteristiche, quali il ritratto e il paesaggio; in questo periodo realizza un tipo di pittura mediante la quale, specialmente nei paesaggi, ricrea composizioni dall'atmosfera rarefatta, come di sospensione, che richeggiano la «metafisica».
Nel 1928 espone, invitato da Maraini, alla Biennale di Venezia e, nel corso degli anni Trenta, partecipa saltuariamente alle mostre del

circuito espositivo genovese, accolto positivamente dalla critica locale.
Dopo il secondo conflitto mondiale, l'artista s'indirizza verso una forma di astrattismo; personalità schiva e riservata, continua a dedicarsi alla pittura evitando però di esporre le proprie opere in pubblico.

G. Marcenaro, *Genova, il Novecento,* Catalogo della mostra, Sagep, Genova, 1986.

Ritratto fotografico

Giovanni Patrone

Genova 1904 - 1963

La sua formazione pittorica ha luogo a Genova; l'esordio espositivo avviene nella sede delle mostre della Società di Belle Arti di Genova, alle quali partecipa con assiduità a cavallo tra la fine del secondo e l'inizio del terzo decennio del secolo.
Egli è attivo nel mondo della pubblicistica, nel quale si distingue per abilità; tuttavia è in campo pittorico, e soprattutto nella rappresentazione di figura (ritratti e nudi femminili), che Patro-

ne raggiunge la sua massima espressione creativa.
Nella produzione dell'artista sono evidenti alcuni caratteri distintivi e tematiche tipiche del movimento novecentista, che in lui si manifestano attraverso un'enfatizzazione della solida plasticità dei corpi, tratteggiati senza contorni disegnativi, mediante una caratteristica pennellata piatta; quest'ultima, inclinata secondo una direttrice obliqua, costruisce l'immagine mediante tasselli di colore.

G. Paganelli, T. Pelizza, *Evasio Montanella - Giovanni Patrone,* mostre postume, Genova, 1994.

Autoritratto, 1924

Eso Peluzzi

Cairo Montenotte 1894
Monchiero 1985

Studia all'Accademia Albertina di Torino dal 1911 al 1915, dove ha per maestri Giacomo Grosso e Paolo Gaidano.
Dopo la traumatica esperienza della guerra, nel 1919 fissa la propria dimora al santuario savonese di Nostra Signora di Misericordia, dove ritrae in una serie di disegni

167

e dipinti gli ospiti della vicina casa di riposo.

In questo ambiente egli ristabilisce il giusto ordine di rispetto delle persone e dell'ambiente della vita: risalgono a questo periodo gli studi sul paesaggio e la partecipazione alle mostre del circuito espositivo nazionale. La prima personale si tiene a Torino nel 1922, seguita a distanza di due anni da quella tenuta presso la Bottega di Poesia di Milano, ove si presenta appunto in qualità di paesista.

Amico di Carrà e Martini, si avvicina nel corso degli anni Venti alla poetica del Novecento, partecipando alle rassegne dei pittori novecentisti, mantenendo tuttavia una posizione sempre originale e coerente al proprio ed intimo percorso di ricerca basato sulla raffigurazione non descrittiva della natura.

È presente alla II Mostra del Novecento Italiano, a numerose edizioni della Biennale di Venezia e della Quadriennale di Roma, nonché ad altre collettive italiane ed estere.

Realizza anche diversi lavori ad affresco, tra i quali la decorazione del coro degli Angeli nella basilica del santuario di Savona, eseguita nel 1928, e quella più tarda delle pareti della Sala Consigliare del Municipio di Savona, realizzata tra il 1936-38.

Negli ultimi anni della sua attività, stabilitosi nel borgo di Monchiero, si volge alla composizione di suggestive nature morte realizzate con frammenti di violini, cariche di riferimenti e memorie dell'infanzia trascorsa nella casa ove il padre

esercitava la professione di liutaio.

AA.VV., *Il Novecento Italiano 1923/1933*, Catalogo della mostra, Mazzotta, Milano, 1983.
M. Fagiolo Dell'Arco, *E.P.*, Umberto Allemandi editore, Torino, 1995.

Ritratto di C. Cherubini, 1914 circa

Lino Perissinotti

Oderzo 1897 - Chiavari 1967

Si diploma nel 1914 all'Accademia di Belle Arti di Bologna, ove si era presentato agli esami come autodidatta. La prima esposizione personale, tenuta presso la romana Galleria Giosi, risale al 1920.

Dopo una breve parentesi dedicata all'insegnamento nelle città di Vicenza e Verona, si indirizza interamente all'attività pittorica, la cui ricerca si svolge in un clima di isolamento dal mondo artistico ufficiale; in essa compaiono le tematiche ricorrenti della sua produzione, alle quali egli resterà fedele durante tutto il periodo

della propria attività artistica: luoghi dimessi del paesaggio ed aspetti della vita quotidiana. I suoi modelli sono gli operai delle fabbriche.

È attorno al 1925, che Perissinotti risente dell'influsso dei pittori appartenenti alla corrente novecentista. Egli esegue in questo periodo, dal 1926 al 1936, il più produttivo della sua vita dal punto di vista artistico, opere ispirate ad un'iconografia domestica realizzate con grande semplicità compositiva, all'insegna di una ricerca di sintesi plastica; in esse, l'autentica adesione sentimentale al tema umanitario e sociale, fa sì che l'opera non scada mai nella retorica.

Nel 1936, dopo aver vissuto a Roma per qualche anno, si stabilisce definitivamente in Liguria, dedicandosi particolarmente alla pittura di paesaggio.

Numerose sono le esposizioni cui l'artista partecipa, in Italia e all'estero: è presente alle Biennali di Venezia del 1926, 1936, 1942, 1948; alla II, III, IV e V Quadriennale di Roma; nonché a mostre nelle città di Budapest, Buenos Aires e Montevideo.

G. Bruno, *Lino Perissinotti, Dipinti e disegni 1913-1967*, Lang Arti Grafiche, Genova, 1977.
G. Mascherpa, A. Benvenuti, *Lino Perissinotti*, Catalogo della mostra, Oderzo, 1982.

Autoritratto, 1950 circa

Giacomo Picollo

Genova 1905 - 1988

Dopo aver studiato come allievo di F. Maragliano, perfeziona la sua formazione in seno all'Accademia di Belle Arti di Genova e Milano; il suo esordio avviene presso la Società di Belle Arti di Genova, nel 1927.

Partecipa alla fondazione e all'attività espositiva del «Gruppo Genovese d'Avanguardia e Futurismo Sintesi», ma a questa esperienza fa seguito una produzione di carattere differente, informata sui valori del Novecento Italiano, le cui suggestioni elabora coerentemente alla propria linea di ricerca.

Picollo si rivolge alla pittura di figura e paesaggio, analizzando con spirito descrittivo il desolato squallore della periferia, tradotto mediante forme riassuntive che ricordano la pittura di Carrà.

Nel corso degli anni Trenta espone alle Quadriennali romane, alle Biennali Internazionali di Venezia, nonché ai premi Bergamo e Modena; realizza mostre personali a Genova, La Spezia, Milano e Roma.

G. PAGANELLI, T. PELIZZA, *Liguria & Arte. Pittori dal 1900 al 1940*, Catalogo della mostra, Sagep, Genova, 1994.

Autoritratto, 1925 circa

Emanuele Rambaldi
Pieve di Teco 1903 - Savona 1968

Autodidatta, aperto a significative esperienze, ha affrontato diverse tecniche prima di approdare, dopo l'adesione al movimento futurista, alla poetica del Novecento.
Nel 1925, dopo la costituzione a Milano del gruppo facente capo a Margherita Sarfatti, dà vita con il critico Attilio Podestà al chiavarese «Gruppo d'Azione d'Arte», un movimento artistico organizzato al quale aderirono molti giovani artisti liguri: pittori, scultori ed architetti.
Rambaldi è autore di una pittura nata dall'osservazione della natura che egli disciplina mediante l'impianto costruttivo del dipinto;

con un ritorno alla sintesi dei volumi, sia che il soggetto trattato sia un paesaggio, una natura morta, o una figura.
Fra le più importanti manifestazioni a cui prende parte, vanno ricordate le Mostre Nazionali di Roma, Firenze, Milano, Torino, Palermo; le Biennali Internazionali di Venezia dal 1928 al 1948; le Quadriennali di Roma e le Mostre di Arti Decorative di Monza, Milano e Bruxelles.
Ha inoltre partecipato a varie importanti esposizioni all'estero.

P. RAIMONDI, *Emanuele Rambaldi, Quarant'anni di pittura,* Catalogo della mostra, Savona, 1964.
A. GRANDE, A. PODESTÀ, *R.,* Savona, 1965.

Ritratto fotografico

Paolo Stamaty Rodocanachi
Genova 1891 - 1958

Dopo gli studi classici svolti nel capoluogo ligure, diede un indirizzo specificatamente artistico alla propria formazione frequentando la Scuola di Arti Decorative di Roma.
Dopo l'esperienza della guerra e della prigionia, rientra a

Genova tra il 1922 e il 1923, e si dedica sistematicamente alla pittura, esponendo a tutte le Promotrici e alle Sindacali tenutesi tra le due guerre.
Inserito appieno all'interno del vivace ambiente culturale genovese, sposa nel 1930 Lucia Morpurgo. Entrambi danno origine ad un salotto frequentato dalle più eminenti personalità del mondo artistico e letterario.
La pittura di Rodocanachi si basa sull'osservazione del dato naturale, indagato e contemplato a lungo, quindi ricostruito mediante la lenta sovrapposizione di magre pennellate di colore; l'immagine acquista così una grande forza evocativa, disciplinata dalla volontà costruttiva dell'artista, che accoglie in maniera autonoma gli spunti fornitigli dalla corrente del Novecento Italiano.
Si ricorda la partecipazione dell'artista alle Mostre Nazionali di Firenze e Napoli, alle Biennali veneziane e alle Quadriennali romane.
All'estero, Rodocanachi è presente con i suoi lavori a Parigi, Monaco, Dresda, Atene, Varsavia, Oslo, Riga, Buenos Ayres, Rosario, Montevideo.

C. SBARBARO, *Rodocanachi,* Catalogo della mostra, Circolo della Stampa, 1959.
G. BERINGHELI, G. MARCENARO, *Paolo Rodocanachi,* Catalogo della mostra, Genova, 1977.

Autoritratto, 1978

Oscar Saccorotti
Roma 1898 - Recco 1986

La formazione di Saccorotti avviene dapprima ad Udine, dove egli frequenta la bottega del decoratore Leo Basaldella, padre di Afro e Mirko, e prosegue a Genova, alle dipendenze di Enzo Bifoli, per il quale egli lavora in qualità di decoratore.
A metà degli anni Venti, Saccorotti entra in contatto con le personalità artistiche di spicco del capoluogo ligure: il critico Adriano Grande lo presenta al poeta Montale; conosce Mario Labò, Paolo Rodocanachi, Lucia Morpurgo, Emanuele Rambaldi e lo scultore Servettaz.
Risale allo stesso periodo il suo ingresso nel circuito espositivo: partecipa nel 1927 alla Biennale di Monza e firma nello stesso anno un contratto con la galleria milanese l'Esame, poi divenuta Galleria Milano; la stessa che esponeva e finanziava gli esponenti del movimento novecentista: Marussig, Sironi, Salietti, Tosi, Carrà, De Pisis.
È, questo, per l'artista un momento d'intensa attività svolta tra Milano e Genova: nel 1929 espone alla secon-

da Mostra del Novecento, in seguito è presente a tutte le maggiori rassegne artistiche italiane, dalla Biennale di Venezia alla Quadriennale di Roma, ed estere: espone a Vienna e Berlino. Numerose anche le personali allestite in gallerie milanesi e genovesi.

L'opera di Saccorotti, raffinata ed elegante, è molto apprezzata dalla critica nazionale; le tematiche toccate dall'artista sono molteplici: egli si interessa alla natura morta, al paesaggio ed al ritratto, specialmente quello femminile, che costituisce il nucleo più significativo di opere della fase novecentista.

Notevole la sua attività di disegnatore di mobili, condotta con il fratello Fausto, e quella di decoratore e creatore di disegni per stoffe, attività che l'artista proseguì anche negli anni successivi alla seconda guerra mondiale.

G. Bruno, *Oscar Saccorotti*, Sagep, Genova, 1988.

A. Giubbini, *Il laboratorio fantastico di O.S.*, Catalogo della mostra, Edizioni ERG, Genova, 1994.

Autoritratto, 1955

Alberto Salietti

Ravenna 1892 - Chiavari 1961

Dopo un iniziale percorso di formazione avvenuto presso il padre, decoratore murale, frequenta l'Accademia di Brera fino al 1914.

Prima esposizione di rilievo è del 1919. L'anno successivo esordisce alla Biennale veneziana, e nel 1922 partecipa, con Dudreville, Funi, Malerba, Oppi e Tosi, ad una collettiva organizzata dalla Bottega di poesia di Milano; la mostra costituisce un precedente alla trasformazione del gusto pittorico che prenderà il nome di Novecento.

Salietti, sebbene non compaia nella fondazione del primo gruppo costituito nel 1922, subito dopo la Biennale di Venezia del 1924, entra a far parte del movimento del Novecento assumendo in seguito l'incarico di segretario.

Nel 1926 partecipa alla Prima Mostra del Novecento Italiano e costituisce, l'anno successivo, il Gruppo dei Sette pittori moderni con Bernasconi, Carrà, Funi, Marussig, Sironi e Tosi.

In questi anni, che coincido-no con la scoperta della Riviera ligure e i soggiorni chiavaresi, la pittura di Salietti è improntata ad un primitivismo d'intonazione arcaica, memore della pittura toscana quattrocentesca; il paesaggio è costituito da elementi schematici e sintetici, in cui le figure sono trasfigurate, immesse entro atmosfere magiche di sospensione onirica.

Nel 1931 espone in una personale alla Galleria Pesaro di Milano; è presente inoltre a numerose rassegne nazionali ed internazionali (quali le Quadriennali romane), ottenendo importanti riconoscimenti, partecipa alle esposizioni di Budapest e Pittsburg.

AA.VV., *Mostra di A.S.*, Catalogo della mostra, Milano, 1964.

AA.VV., *Il Novecento Italiano 1923/1933*, Catalogo della mostra, Mazzotta, Milano, 1983.

Autoritratto, 1923

Antonio Giuseppe Santagata

Genova 1888 - 1895

Frequenta l'Accademia Ligustica di Belle Arti di Genova come allievo di T. Quinzio; prosegue quindi i suoi studi a Roma, dove si perfeziona nello studio del nudo.

Inizia a partecipare alle esposizioni della società di Belle Arti di Genova nel 1912; successivamente è presente alle Biennali di Venezia, alle Quadriennali romane, alle Promotrici di Genova e Brera e a mostre in varie altre città italiane e straniere.

Dopo un esordio in chiave simbolista e divisionista, in cui ritroviamo i caratteri della pittura di Previati, Segantini e Pelizza da Volpedo, l'artista aggiorna la propria tecnica e diventa uno dei maggiori protagonisti del Novecento Italiano, iniziando nel 1926 a Milano le partecipazioni alle mostre ufficiali del gruppo guidato da Margherita Sarfatti.

È noto per la sua attività di pittore murale nella quale affronta temi religiosi e civili; è esperto nell'affresco, ma anche autore di mosaici, vetrate e sculture. Attivo inoltre nel campo dell'incisione e della medaglistica.

G. Nicodemi, *A.G.S.*, Genova, 1964.

V. Nocchiero, *A.G.S., pittore di cavalletto*, Genova, 1983.

AA.VV., *A.G.S.*, Catalogo della mostra, Recco, 1988.

Ritratto di A.H. Gagliardo, 1965

Adelina Zandrino

Genova 1893 - 1994

Sebbene abbia gettato le basi della propria formazione presso gli studi dei pittori Maragliano e Pennasilico, l'artista è da considerarsi un autodidatta.

Il suo affacciarsi al mondo espositivo ebbe luogo nel 1913, a Torino, in occasione dell'Internazionale d'Arte Femminile; sono dello stesso anno le personali organizzate nei comuni di Rapallo e Milano.

Entrata in contatto a Parigi con le tendenze Liberty, s'indirizza in seguito verso una pittura legata alla corrente del Novecento, nell'ambito della quale sviluppa una poetica incentrata sulla tematica femminile.

La figura della donna è messa in risalto per il ruolo centrale che essa assume in seno alla famiglia. L'immagine è delineata con una pennellata corposa all'interno di tenere composizioni in cui è evidenziato il rapporto madre-figlio.

Espone alle principali mostre nazionali ed estere, partecipando alla Biennale veneziana, alla Quadriennale romana, alle Triennali milanesi e a diverse edizioni della Società di Belle Arti genovese.

R.A. Borzini, V. Rocchiero, *Omaggio per Adelina Zandrino,* Genova, 1993.

G. Paganelli, T. Pelizza, *Liguria & Arte. Pittori dal 1900 al 1940,* Catalogo della mostra, Genova, 1994.

Bibliografia

AA.VV., *Arte Moderna in Italia 1915/1935, Palazzo Strozzi*, Firenze, 1967.

AA.VV., *Il Novecento Italiano 1923/1933*, Mazzotta Editore, Milano, 1983.

AA.VV., *La Pittura a Genova e in Liguria*, Sagep Editrice, Genova, 1970.

AA.VV., *La Pittura in Italia - Il Novecento*, Electa Edizioni, Milano, 1991.

BERINGHELI G., *Dizionario degli Artisti Liguri*, De Ferrari Editore, Genova, 1991.

BOSSAGLIA R., *Il Novecento Italiano*, Feltrinelli, Milano, 1979.

BRUNO G., *La Pittura in Liguria dal 1850 al divisionismo*, Stringa Editore, Genova, 1981.

«Cataloghi Esposizione Internazionale d'Arte della Città di Venezia», annate varie.

«Cataloghi Esposizione Quadriennale d'Arte Nazionale», Roma, annate varie.

«Cataloghi Esposizioni Novecento Italiano», Milano, 1926-1929.

«Cataloghi Esposizioni Società Promotrice di Belle Arti», Genova, annate varie.

«Emporium», Istituto Italiano d'Arti Grafiche, Bergamo, annate varie.

FRABETTI G. (a cura di), *Nervi Galleria d'Arte Moderna e Parco Serra*, Genova, 1980.

GALOTTI F., *Pittura e scultura di oggi in Liguria*, Edizioni Artisti Riuniti, Genova, 1970.

GIUBILEI M.F., *La pittura di paesaggio in Liguria tra Otto e Novecento*, Edizioni Costa e Nolan, Genova, 1990.

L. LAGORIO, *La pittura nell'estremo ponente ligure dall'800 al primo '900*, Dell'Orto Editore, Alessandria, 1992.

«L'eroica», Rivista Italiana del Novecento, Milano, annate varie.

MARCENARO G., CASARETO A., *1911-1925 Genova, cultura di una città*, Genova, 1973.

MARCENARO G., *Genova, il Novecento*, Sagep Editrice, Genova, 1986.

MIGLIORE E., *Artisti della Liguria*, Genova, 1937.

Mostra del Divisionismo Italiano, Milano, 1970.

PAGANELLI G., PELIZZA T. (a cura di), *Liguria & Arte. Pittori dal 1900 al 1940*, Catalogo della mostra, Sagep Editrice, Genova, 1994.

PAGLIERI S., *Lo scultore Baroni*, Coop. Grafica Genovese, Genova, 1994.

PELANDI L., SERVOLINI L., COMANDUCCI A.M., *Dizionario illustrato pittori disegnatori e incisori italiani*, L.M. Patuzzi Editori, Milano, varie Edizioni.

ROCCHIERO V., *Scuole gruppi pittori dell'Ottocento ligure*, Sabatelli Editori, Savona, 1981.

SBORGI F., *Pittura e Cultura Artistica nell'Accademia Ligustica a Genova 1751/1920*, Genova, 1974.

Indice degli artisti

Indice

Finito di stampare nel giugno 1995
per i tipi della
Sagep Editrice *in* Genova